sarouels

et autres trucs de filles

Valérie Roy

CréaPassions
www.creapassions.com

Direction des Collections
CRÉAPASSIONS
Emmanuelle PROT
Tél. : 06 17 06 43 02
Email :
eprot@creapassions.com

ISBN 978-2-8141-0031-2

Les sarouels et autres créations

Le carnet technique

Ce qu'**il vous faut**

CE QU'IL VOUS FAUT : DE L'ENTHOUSIASME !

Que vous soyez débutante ou confirmée en couture, ce livre est pour vous.

Vous y trouverez des idées pour créer selon votre envie des sarouels, des robes, des sacs, des broches et plein d'autres trucs de filles !

N'hésitez pas à vous lancer, et commencez avec des tissus récupérés. Ainsi, vous ne serez pas déçue si vous ne trouvez pas votre première création digne de vous.

Très vite, une fois votre machine à coudre domptée, vous prendrez confiance et tout un monde de créations s'ouvrira à vous.

Je vous invite à découvrir un peu du mien, coloré et ludique. Faites-vous plaisir et faites-vous confiance...

Vous constaterez que les modèles sont souvent réalisés à partir de mes propres habits. C'est donc une couture intuitive que je partage avec vous ici.

Alors à vos machines et bonnes créations à vous !

Et un peu d'organisation !

fournitures

- Une machine à coudre
- Un mètre ruban de couturière
- Des paires de ciseaux normaux et à cranter
- Du papier de patron
- Un crayon craie
- Un découd-vite
- Des aiguilles à coudre et pour machine
- Des épingles
- Des fermetures à glissière
- Des fils et cannettes de toutes les couleurs
- De la ouate, de la ouate plate
- Du feutre épais
- Du thermocollant simple ou double face
- De la colle à tissu
- Des rubans et des biais
- Des élastiques
- Des barrettes
- Des épingles à nourrice
- Des fermoirs
- Un fer à repasser

je vous recommande

Rangez tout votre petit matériel dans des boîtes ou des casiers transparents pour tout retrouver rapidement.

Le **métrage** et le choix des **matières**

Pour que votre sarouel ait un beau tomber, choisissez un tissu d'épaisseur moyenne, ni trop souple (jersey ou voile de coton) ni trop raide (jean ou toile). Avec 2 m de tissu sur 1,50 m de large, il devrait vous rester assez de chutes pour coudre un petit haut ou un accessoire assorti.

Lavez et repassez vos tissus avant utilisation pour éviter le désagrément d'un éventuel rétrécissement.

Vous pouvez choisir vos tissus en coupons (pour les ceintures ou les appliqués) ou en métrage. Reportez-vous au carnet d'adresses page 117.

N'hésitez pas à les acheter au coup de cœur, même sans avoir de projet précis. C'est souvent en associant d'autres tissus dénichés plus tard que l'idée viendra.

astuce

Pensez à utiliser un fil ton sur ton pour de jolies finitions.

Les **étiquettes**

Pour signer vos créations, rien de mieux que d'y laisser vos propres étiquettes.

Vous en trouverez des thermocollantes (AquiS) ou bien plus classiquement en tissé (Entrée des fournisseurs). Pour les adresses, reportez-vous à la page 117.

Les étiquettes thermocollantes sont très pratiques, notamment si vous voulez en placer à des endroits non accessibles à la machine à coudre. Attention cependant à bien régler la température du fer à repasser en fonction du tissu sur lequel sera collée l'étiquette.

Les étiquettes tissées donnent de plus jolies finitions. D'autant que les fabricants proposent dorénavant une large gamme, pour notre plus grand bonheur. Elles sont utiles lorsque le support est trop fragile pour une application au fer (soie, mousseline...).

Vous pouvez aussi réaliser votre logo au pochoir, et en laisser une empreinte sur vos créations grâce à de la peinture textile.

Maintenant, tout est entre vos mains, il ne vous reste plus qu'à trouver votre nom de scène afin que l'on ne vous oublie pas !

Les **appliqués**

astuce

Gardez bien vos chutes de tissu, elles vous seront très utiles.

L'appliqué est un petit plus qui peut tout changer dans votre tenue, vous en trouverez d'ailleurs tout au long des créations présentées dans ce livre.

COMMENT FAIRE ?

1. Pour coudre l'appliqué, épinglez votre gabarit sur le tissu.

2. Cousez tout autour du gabarit au point bourdon (point zigzag très serré). Vous pouvez régler le point à la hauteur désirée, mais sélectionnez la longueur du point au minimum.

3. À la fin de la couture, faites un aller-retour pour bien bloquer les fils.

4. Découpez ensuite autour de l'appliqué en faisant attention à ne pas découdre les bords.

La **technique** de l'**hydrosoluble**

1

2

3

4

COMMENT FAIRE ?

1. Découpez deux films hydrosolubles (Avalon, ODIF...) au format désiré.

2. Sur le premier film, placez vos laines, bouts de tissu, fleurs en tissu et rubans (fig. 1).

3. Recouvrez avec le deuxième film, épinglez bien les bords afin que rien ne s'échappe (fig. 2).

4. Cousez tout autour au point zigzag, en réglant votre hauteur de fil comme désiré (fig. 3). Ne rapprochez pas trop les coutures sinon votre motif sera moins visible. Vérifiez sur l'envers que les coutures recouvrent tout le motif (fig. 4).

à savoir

Le film hydrosoluble est utilisé en art textile. Il laisse libre cours à votre imagination et vous donne la possibilité de marier différentes matières. Il sert de base puis fond dans l'eau pour libérer votre création.

1

COMMENT FAIRE ?

1. Faites fondre le film hydrosoluble dans de l'eau tiède. Plus le temps de trempage est long, plus il y a de bains de rinçage, plus le motif sera souple (fig. 1).

2. Une fois l'hydrosoluble dissous, mettez votre motif à sécher. (fig. 2).

3. Miracle, tout tient ensemble, vous êtes prête à appliquer votre motif hydro sur votre projet couture.

2

Pour voir la suite, rendez-vous pages 68 et 69 du méga sac de fille pour un exemple d'utilisation de l'hydrosoluble.

Comment **créer** votre **patron** de **sarouel personnalisé**

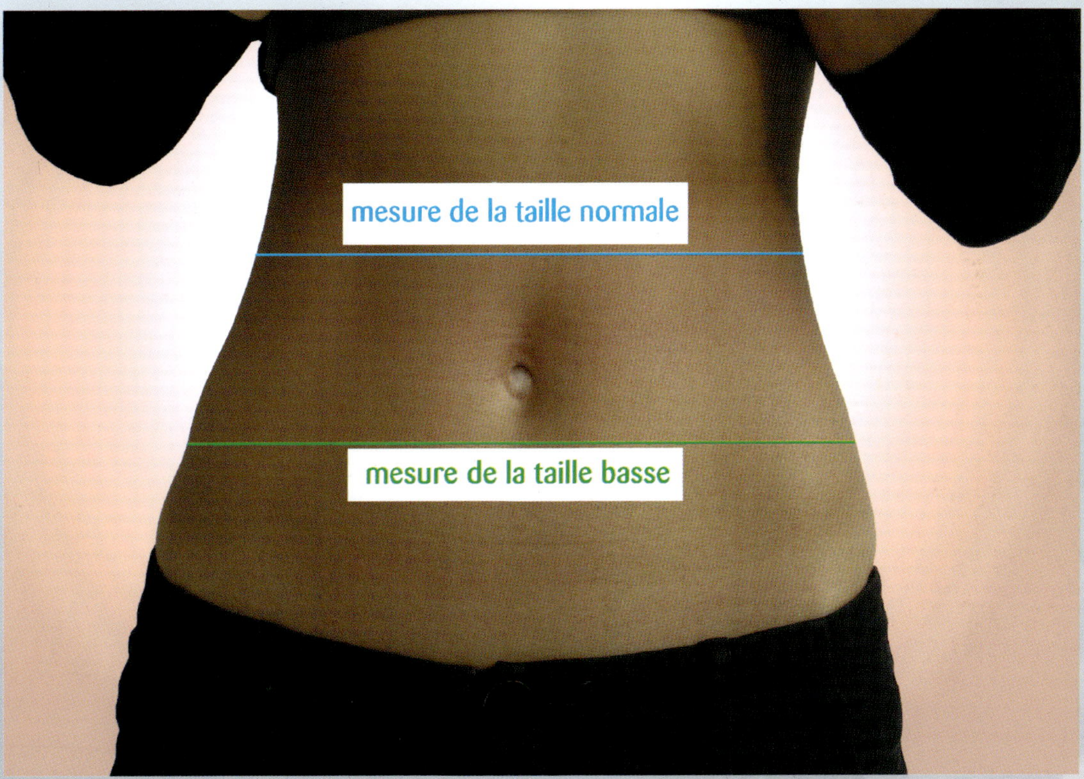

Créez un sarouel à vos mesures, c'est la meilleure façon d'obtenir un tomber parfait. En effet, un sarouel trop court ou trop long ne donnera pas un rendu réussi.

Vous pourrez vous aider du gabarit (page 87), en faisant attention à l'adapter à votre taille (page 88). Pour créer votre patron de sarouel, prenez du papier à patron et un pantalon taille basse dans lequel vous vous sentez bien. Attention à en choisir un qui ne soit pas trop près du corps, ce qui fausserait les mesures. Si vous préférez porter votre sarouel en taille haute, prenez un pantalon correspondant.

à savoir

Qu'est ce qu'une taille basse ?

Elle correspond au tour de taille pris juste sous le nombril, au-dessus des os du bassin. Si la taille est mesurée sous les os du bassin, vous perdrez votre sarouel !

La fabrication du patron de sarouel personnalisé

COMMENT FAIRE ?

1. Posez le pantalon sur le papier à patron (fig. 1).

2. Écartez les jambes au maximum car, si vous laissez une ouverture de jambes normale, vous n'aurez pas assez d'aisance dans votre sarouel (fig. 2).

3. Dessinez le contour de votre sarouel en suivant celui de votre pantalon (ici, les pointillés, fig. 3).

4. Pour les pieds, laissez une ouverture de 15 ou 16 cm, sans compter la couture.

5. Pour un tomber jupe : joignez les deux ouvertures de pied par un trait très légèrement courbe. Pour un tomber sarouel : creusez davantage l'entrejambe.

1

2

3

astuce

Le papier à patron présenté en rouleau n'étant pas assez large, n'hésitez pas à joindre deux feuilles pour le réaliser.

Pour les côtés, inspirez-vous des photos de la page 15 pour obtenir un galbe similaire.

Découpez votre papier à patron suivant les pointillés. Pensez à rajouter systématiquement 1 ou 2 cm pour les coutures. Et voilà, vous êtes prête !

je vous recommande

Si vous utilisez le gabarit, pensez à bien l'adapter à vos mesures. En effet, le gabarit fourni correspond à une taille de 1,60 m pour un 36. Par exemple, si vous faites une taille 36 et que vous mesurez 1,70 m, pensez à ajouter 10 cm en longueur.

astuce

Pour obtenir un patron bien symétrique, repérez le milieu sur la verticale. Pliez votre patron en deux, puis coupez.

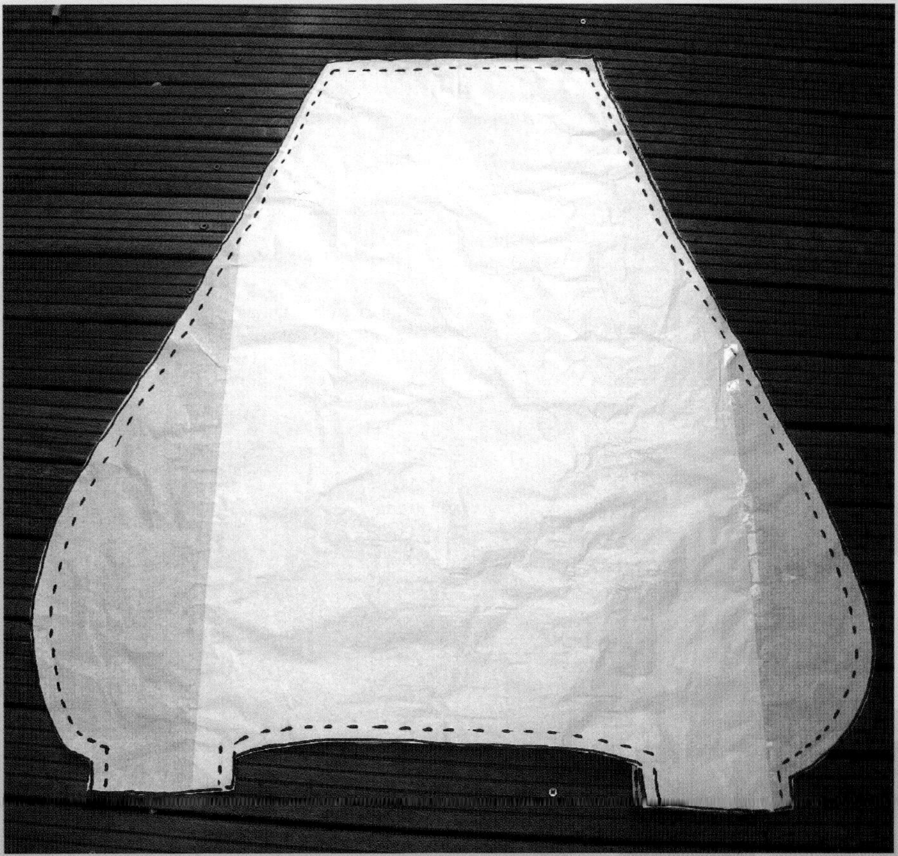

Le sarouel simple

Voici un modèle de sarouel long, pour garder le confort du sarouel tout en conservant l'esthétique d'une jupe.

COMMENT FAIRE ?

1. Pliez votre tissu en deux et posez-le endroit contre endroit.

2. Positionnez votre patron et découpez tout autour sans oublier d'ajouter les surplus de couture (fig.1).

3. Cousez au point droit puis au point zigzag et découpez aux ciseaux à cranter sur les deux côtés et à l'entrejambe pour de jolies finitions.

4. Sur le côté de la fermeture à glissière, arrêtez la couture à 18 cm du haut (sans compter la couture).

COMMENT COUDRE L'OUVERTURE DES PIEDS ?

1. Assurez-vous que le décrochage pour l'ouverture des pieds mesure 4 cm de haut (fig. 2).

2. Ourlez en repliant une fois le bas des jambes à mi-hauteur.

3. Repliez une seconde fois, l'ouverture des pieds est maintenant alignée sur la couture de l'entrejambe. Cousez au point droit (fig. 3).

1

2

fournitures

- 2 m de tissu
- Fermeture à glissière de 20 cm

3

à savoir

Avant de commencer, vous devez :

- Choisir le tissu : prenez un tissu ni trop raide ni trop fluide. Si votre tissu s'avère trop fluide, doublez-le.

- Choisir le métrage : pour une personne de moins de 1,70 m, vous aurez besoin de 2 m de tissu sur 1,50 m ; pour une personne de plus de 1,70 m, vous aurez besoin de 2,50 m x 1,50 m. Faites attention de mesurer votre patron avant d'acheter votre métrage afin de ne pas avoir de mauvais surprises, mais aussi au sens de l'imprimé du tissu.

- Pensez à la fermeture à glissière : elle permet un meilleur tombé qu'une taille élastique. Elle doit faire 20 cm (18 cm au minimum pour pouvoir passer vos hanches).

astuce

La technique proposée est celle de la pose de la fermeture à glissière avec coutures apparentes, n'oubliez donc pas d'utiliser un fil ton sur ton.

1

2

COMMENT OURLER AU NIVEAU DE LA TAILLE ?

1. Assurez-vous que la couture à la taille mesure 4 cm de haut pour un ourlet final de 2 cm.

2. Repliez une fois l'ourlet de la taille de 2 cm en vous aidant du fer à repasser, afin de fixer le pli (fig. 1).

3. Repliez une seconde fois l'ourlet de la taille et cousez au point droit (fig. 2).

COMMENT POSER LA FERMETURE À GLISSIÈRE ?

1. Préparez l'emplacement de la fermeture en marquant le pli au fer.

2. Épinglez la fermeture à glissière fermée sur l'endroit de façon bien centrée.

3. Cousez la fermeture ouverte sur l'endroit d'un côté en descendant et de l'autre en remontant. Pensez à déplacer la glissière au fur et à mesure de la couture (fig. 3).

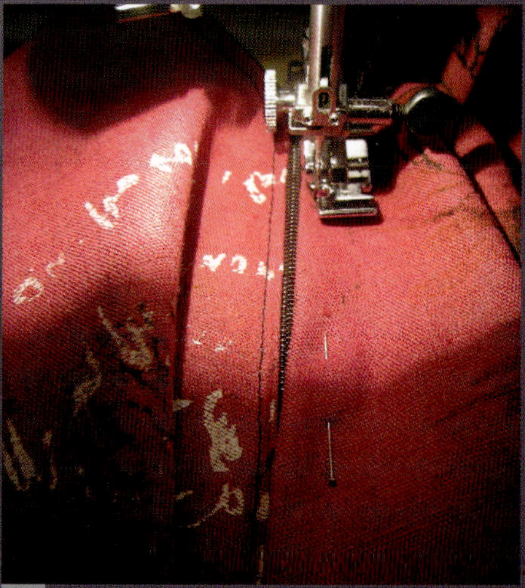

3

Le tablier kokeshi

Un tablier top kawaii
(mignon en japonais)
pour égayer votre sarouel.

je vous recommande

Vous pouvez faire des tabliers différents avec toujours la même base de sarouel, vous aurez ainsi l'impression d'avoir une grande garde-robe !

fournitures

- Toile épaisse chocolat pour le tablier
- Tissu à fleurs pour la ceinture-poche et la ceinture de la kokeshi (voir le gabarit page 90)
- Ruban orange à pois blancs (pour la ceinture et la kokeshi - 4 m)
- Chutes de tissus colorés pour la kokeshi : turquoise pour le kimono, blanc pour le visage, rouge pour les cheveux, noir pour les yeux, rose pour les joues.
- Tissu thermocollant
- Deux boutons fleurs et deux boules en laine cardée (pour la coiffure de la kokeshi)

Pour les mesures du tablier, reportez-vous au **gabarit du tablier de Léa, page 89.**

astuce

Placez l'appliqué kimono sur le tablier en le laissant dépasser légèrement pour plus d'originalité.

COMMENT FAIRE LE TABLIER ?

1. Découpez la toile et le tissu à fleurs selon le gabarit page 89 et ourlez autour (fig. 4).

2. Vous pouvez utiliser la ceinture pour y aménager des poches. Placez le tissu à fleurs sur la toile en épinglant deux rubans de 80 cm de chaque côté. Cousez la poche sur trois côtés afin de conserver une ouverture et compartimentez (fig. 1).

COMMENT FAIRE LA KOKESHI ?

1. Découpez le kimono en appliqué suivant le gabarit page 90 (fig. 2).

2. Surpiquez tout autour au point zigzag, ainsi que le long des emmanchures du kimono (fig. 3).

1

2

3

4

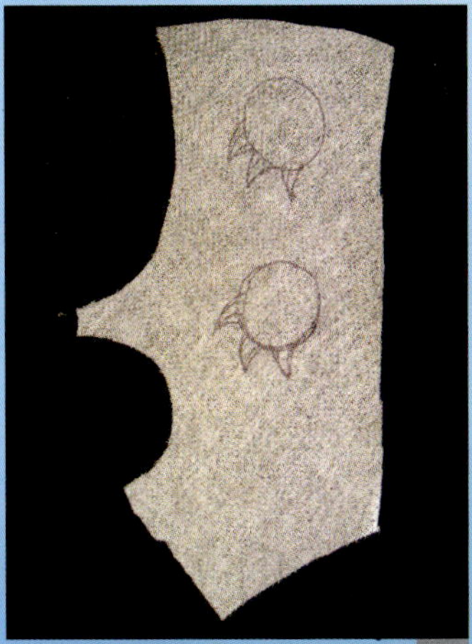

1

2

3

3. Découpez les autres pièces en appliqué suivant le gabarit page 90 : visage, cheveux, ceinture (fig. 1).

4. Placez et cousez les différentes pièces sur le tablier en insérant les rubans orange pour la coiffure de la poupée (fig. 2).

5. Thermocollez le tissu noir pour les yeux et le tissu rose pour les joues et découpez selon le gabarit. Cousez sur le tablier (fig. 3).

6. Ajoutez les boutons fleurs et les boules de laine cardée pour parfaire la coiffure de la kokeshi (fig. 4).

Voilà, votre tablier est terminé, vous êtes prête pour sortir !

4

astuce

Le thermocollant vous évite de surpiquer les pièces trop fines.

Le **tablier** de **Léa**

Voici une autre idée de tablier.

Parce que votre enfant le vaut bien, soyez fière de porter son chef-d'œuvre !

fournitures

- Un panneau coloré peint par votre enfant sur un tissu en coton épais
- Tissu orange pour le tablier
- Tissu à pois pour la ceinture-poche
- Biais jaune pour ourler le panneau peint
- Ruban satin rose de 4,5 cm de largeur (2 m)

Voir le gabarit page 89.

1

2

1. Laissez s'exprimer l'âme d'artiste de votre enfant avec de la peinture pour tissu (fig. 1 et 2).

2. Découpez le pan selon le gabarit page 89, avant de border au biais jaune.

3. Découpez les tissus orange et à pois et ourlez tout autour (fig. 3 et 4).

4. Pour le tissu orange, insérez le ruban rose dans l'ourlet du côté ceinture (fig. 1).

5. Placez le panneau peint et le tissu à pois sur le tablier orange.

6. Pour la poche, cousez le tissu à pois sur trois côtés seulement.

Et voilà, vous pouvez être fière de votre pioupiou !

astuce

La partie en tissu à pois peut être utilisée comme poches. Il suffit d'y faire des coutures verticales.

3

4

Le combi-sarouel

Pour les filles pressées qui ne savent jamais quoi mettre avec le bas !

1

2

COMMENT FAIRE ?

1. Posez vos gabarits A et B page 91 sur votre tissu plié en deux, endroit contre endroit.

2. N'oubliez pas de rajouter 4 cm pour les ourlets des emmanchures, du décolleté au dos et des mollets et 1,5 cm à tous les autres bords pour le surplus de couture. Découpez une fois chaque gabarit dans votre tissu selon le tracé.

3. Assemblez l'avant et l'arrière endroit contre endroit. Piquez l'entrejambe et les deux côtés.

4. Réalisez les bretelles : préparez vos bretelles à l'aide du gabarit C page 91 (n'oubliez pas de rajouter 1,5 cm de surplus de couture). Découpez quatre fois le tissu. Reconstituez chaque bretelle en piquant endroit contre endroit. Retournez la bretelle et surpiquez sur tous les bords afin que le tissu ne glisse pas (fig. 1).

5. Ourlez le décolleté avant et arrière ainsi que les emmanchures. Épinglez. Avant de piquer, insérez les bretelles dans les ourlets en suivant le marquage des gabarits A et B (fig. 2).

fournitures (pour taille S/M)

- Tissu marron rayé bleu (140 cm x 115 cm)
- Tissu imprimé bleu pour les bretelles (85 cm x 10 cm) et la ceinture (185 cm x 10 cm)
- Élastique noir (14 cm pour le dos et 2 x 30 cm pour les mollets)

3

4

5

6

6. Posez l'élastique au dos : repérez le milieu du dos, marquez à 15 cm de part et d'autres. Aux marquages, piquez au point bourdon l'élastique préalablement placé dans l'ourlet.

7. Réalisez les plis plats à l'avant : marquez le milieu de l'avant, et réalisez deux plis plats de 2 cm chacun de part et d'autre (fig. 3). Piquez sur 5 cm, vous obtenez la photo 4 (fig. 4).

8. Pour resserer la taille : tracez à la craie de tailleur sur le tissu 3 lignes parallèles distantes les unes des autres de 2 cm (fig. 5). Réalisez un pli en remontant la ligne inférieure sur la supérieure, la ligne de pli étant celle du milieu. Piquez sur l'endroit puis sur l'envers pour créer une coulisse. Veillez à laisser une ouverture de 2 cm sur la ligne de couture inférieure pour le passage de la ceinture (fig. 6).

9. Préparez votre ceinture selon le gabarit D page 91, et suivez les instructions des bretelles.

10. Introduisez la ceinture dans la coulisse de la taille à l'aide d'une épingle à nourrice.

11. Uurlez les mollets et passez les elastiques comme explique page 46.

Ça y est, vous êtes fin prête pour sortir en combisarouel !

Le **sarouel** ceinturé

Une ceinture à mon sarouel, c'est encore plus classe !

astuce

Cette méthode vous permet de modifier un sarouel simple en ajoutant une ceinture contrastante.

1

2

COMMENT FAIRE ?

1. Réalisez un sarouel simple suivant la fiche technique (page 87) ou utilisez un sarouel déjà cousu.

2. Coupez le haut du sarouel à la hauteur souhaitée. Cette partie sera remplacée par le nouveau tissu contrastant (fig. 1).

COMMENT RÉALISER LA CEINTURE ?

1. Utilisez le morceau découpé comme gabarit pour la nouvelle ceinture. N'oubliez pas d'ajouter le surplus de couture pour l'assemblage avec la partie basse du sarouel (fig. 2).

2. Posez le nouveau tissu endroit contre endroit. Piquez un côté. Ourlez le bord supérieur et cousez au point droit.

3. Posez la fermeture à glissière sur le dernier côté et épinglez. Piquez sous la fermeture pour fermer le côté avant de coudre la fermeture à glissière en place (fig. 3).

4. Assemblez endroit contre endroit la ceinture et la partie basse du sarouel. Piquez, puis repassez.

Vous venez de donner une nouvelle vie à votre sarouel préféré. Réalisez maintenant un haut assorti.

3

je vous recommande

Il sera plus facile d'insérer votre nouvelle ceinture si elle fait plus de 20 cm de hauteur. Cela vous évitera de coudre la fermeture à glissière à cheval sur les deux tissus.

fournitures

- Tissu noir pour le sarouel
- Tissu noir à pois blanc pour la ceinture
- Chutes de tissu fleurs pour les appliqués
- Fermeture à glissière de 20 cm

La **sur-ceinture**

fournitures pour une taille 36

- Tissu rose pour la sur-ceinture (60 x 85 cm)
- Biais noir (2 m 40)
- Bande velcro

COMMENT FAIRE ?

1. Référez-vous au gabarit page 87 pour adapter les mesures de votre surceinture à votre taille ainsi qu'aux explications données page 85

2. Posez le gabarit sur votre tissu. Ne rajoutez pas de surplus de couture.

3. Découpez une fois (fig. 1).

4. Réalisez 5 plis plats d'1 cm que vous répartirez selon vos envies. Sur la face avant, prolongez-les jusqu'au côté opposé (pour un 36 sur plus de 40 cm). Et sur la face arrière, prolongez les jusqu'au flanc (pour un 36 sur 15 cm).

5. Posez votre biais sur tout le pourtour. Piquez.

6. Placez sur chaque extrémité de la ceinture, un morceau de bande velcro. Pour la face avant, sur l'endroit du tissu. Pour la face arrière, sur l'envers du tissu (fig 2).

7. Essayez votre sur ceinture, replacez les bandes velcros si nécessaire afin de bien ajuster la ceinture. Piquez-les.

1

2

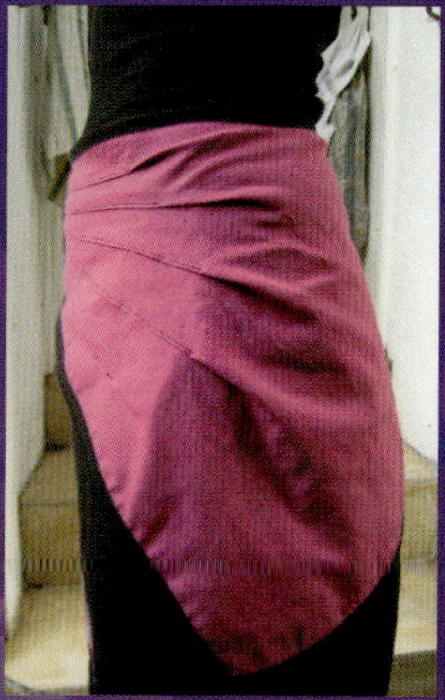

La **tunique cache-cœur**

Une jolie tunique pour garder les cœurs d'artichaut bien au chaud !

1

fournitures

- Tissu en laine carmin
- Tissu en laine chocolat
- Ruban chocolat
- Perles en céramique rouge

Voir le gabarit page 92.

2

COMMENT FAIRE ?

1. Découpez le dos et les deux moitiés de devant dans les tissus en laine suivant le gabarit (fig. 1).

2. Cousez endroit contre endroit les côtés et les épaules. N'oubliez pas d'insérer les liens pour fermer le cache-cœur.

3. Ourlez le col, les emmanchures, les côtés libres et le bas de la tunique.

4. Découpez les mancherons (fig. 2).

5. Ourlez la partie incurvée et surpiquez la partie droite.

6. Cousez les mancherons le long des emmanchures (fig. 3).

3

1

astuce

Pour une version été, utilisez un tissu en coton ou en voile. Vous pourrez également supprimer les mancherons.

2

je vous recommande

Utilisez deux tissus contrastés pour votre tunique et insérez les liens sur les deux côtés. Ainsi, vous choisirez la couleur dominante selon votre humeur. Vous aurez l'impression d'avoir deux tuniques.

3

7. Piquez les pinces poitrine (fig. 1) et les pinces dos (fig. 2).

8. Enfilez les perles dans les rubans (fig. 3) et bloquez-les en nouant de part et d'autre.

9. Pour finaliser votre tenue, créez une ceinture coordonnée.

La **ceinture** façon **obi**

Une ceinture pour se transformer en geisha.

COMMENT FAIRE ?

1. Rendez-vous page 93, et suivez les recommandations pour réaliser une ceinture à vos mesures.

2. Reportez les mesures retenues sur vos deux tissus (avant et dos).

3. Avant de couper, n'oubliez pas d'ajouter la couture.

fournitures

- Tissu imprimé
- Tissu uni marron
- Tissu à rayures vert
- Ruban marron
- Chutes de tissu pour appliqués fleurs

Pour les appliqués fleurs, utilisez le gabarit proposé en page 95 et la méthode de l'appliqué en page 8.

La fabrication de la ceinture façon obi

1

astuce

Vous pouvez soit utiliser le même tissu pour chaque côté, soit réaliser un patchwork en cousant plusieurs morceaux bout à bout pour un résultat plus sophistiqué (fig. 4).

COMMENT FAIRE ?

1. Coupez et ourlez une bande dans le tissu vert pour qu'elle mesure 10 cm de moins que la ceinture et 5 cm de hauteur.

2. Placez-la sur le tissu extérieur et piquez tout autour en insérant deux rubans de chaque côté (fig. 2).

3. Ajoutez les appliqués fleurs (fig. 3).

4. Placez les deux rectangles endroit contre endroit et cousez sur trois côtés avant de retourner le tout. Fermez le dernier côté.

5. Surpiquez tout autour au point droit pour que le tissu ne glisse pas.

Vous voilà prête pour servir le thé !

2

3

4

[Mon **ensemble** façon **Star Wars**

Un sarouel plus une tunique plus une ceinture obi, et la force est avec vous !

Le **bandeau fleur** pour **petite fille**

fournitures

- Tissu imprimé oiseaux
- Tissu vert
- Chute de tissu rouge pour l'appliqué fleur
- Élastique blanc

Voir le gabarit du bandeau page 94 et celui de la fleur page 95.

Plus de mèches rebelles, c'est le bonheur dans ses cheveux !

je vous recommande

Vérifiez que le bandeau est assez serré avant de coudre définitivement les élastiques.

1

2

COMMENT FAIRE ?

1. Découpez le tissu imprimé et le tissu vert suivant le gabarit. Placez les découpes endroit contre endroit.

2. Piquez le long de la partie incurvée au point droit puis au point zigzag (fig. 1).

3. Découpez aux ciseaux à cranter.

4. Réalisez l'appliqué fleur dans les tissus vert et rouge et fixez la fleur sur le tissu imprimé (fig. 2).

5. Coupez deux élastiques pour compléter le tour de tête.

6. Ourlez les petits côtés du bandeau et épinglez-y les élastiques. Repliez le bandeau envers contre envers (fig. 3).

7. Ourlez puis surpiquez sur les trois côtés restants.

Voici un joli bandeau que votre fille ne quittera plus...

3

Le **gilet** de **mini-bergère**

Pour garder les moutons bien au chaud !

fournitures

- Fausse fourrure beige
- Tissu vert pour la doublure devant
- Tissu imprimé oiseaux pour la doublure dos
- Scratch
- Ouate plate

Voir le gabarit page 96.

1

2

3

COMMENT FAIRE ?

1. Coupez les tissus suivant le gabarit (fig. 1).

2. Assemblez la doublure en cousant endroit contre endroit les côtés et les épaules. Faites de même avec la fausse fourrure (fig. 2).

3. Assemblez endroit contre endroit la doublure et le tissu poilu et cousez au point droit tous les côtés sauf les emmanchures.

4. Découpez aux ciseaux à cranter et désépaississez la fausse fourrure le long des coutures.

5. Retournez le gilet par les emmanchures et cousez-les sur l'endroit (fig. 3).

6. Cousez les scratchs pour refermer le gilet.

1

7. Isolez l'oiseau du tissu à motifs et réalisez l'appliqué.

8. Pour un effet un peu bombé, insérez de la ouate plate entre le tissu vert et celui à motifs (fig. 1).

9. Cousez (fig. 2) selon la **méthode de l'appliqué** **(voir page 8)** et fixez au point droit sur le côté extérieur du gilet.

Votre petite bergère est maintenant prête pour aller garder ses moutons (fig. 3) !

astuce

Pour rendre le gilet réversible : coupez les tissus à l'avant de sorte qu'ils ne se chevauchent pas. Et insérez des rubans au lieu du scratch.

2

3

Grande bergère à poils

Moi aussi... je veux le même !
Alors voici la version grande fille,
avec son bijou potiron.

fournitures

- Fausse fourrure grise
- Tissu imprimé parme pour la doublure
- Scratch
- Potiron violet

Voir le gabarit page 97.

La fabrication du gilet de grande bergère

Les instructions de couture sont indiquées en page 36 avec le gilet de mini-bergère.

Un potiron personnalisera à merveille vos tenues (fig. 1).

COMMENT FAIRE ?

1. Découpez dans le tissu à motifs deux cercles du diamètre désiré (8 cm dans l'exemple, fig. 2).

2. Cousez tout autour en laissant une ouverture pour y introduire la ouate (fig. 3).

3. Crantez régulièrement le pourtour avant de retourner le potiron.

4. Rembourrez bien avec la ouate pour que le tissu soit tendu, et fermez l'ouverture à la main (fig. 4).

5. Utilisez le fil à broder pour créer des rayons (fig. 5). Commencez à piquer au milieu et tirez bien bien fort !

1

2

3

4

5

fournitures

- Tissu à motifs
- Ouate
- Fil à broder
- Pompons, fleurs en tissu, perles...

astuce

Pour accessoiriser votre potiron, ajoutez des pompons, des fleurs en tissu, des perles, tout ce qui vous fait plaisir.

Le sarouel orchidées

L'orchidée éphémère devient éternelle sur votre sarouel.

fournitures

- Tissu rouge pour le sarouel
- Tissu marron pour la ceinture
- Chutes de tissu en soie blanche pour les orchidées et jaune pour les pistils
- Fermeture à glissière de 20 cm
- Rubans jaune et blanc

Voir le gabarit page 98.

COMMENT FAIRE ?

Ce sarouel se base sur les instructions du « sarouel ceinturé » (voir page 27) en utilisant les tissus rouge et marron.

Avant de coudre les deux faces endroit contre endroit, assurez-vous que vos appliqués sont bien piqués (fig. 1).
N'oubliez pas non plus de coudre les deux rubans sur la ceinture avant d'insérer la fermeture à glissière (fig. 2).

COMMENT RÉALISER LES APPLIQUÉS ORCHIDÉE ?

1. Utilisez les gabarits pour découper les pétales dans le tissu blanc, les pistils dans le tissu jaune et la tige dans le tissu marron.

2. Veillez particulièrement à respecter les courbes des tiges pour un résultat plus esthétique comme sur la photo page 42.

3. Recomposez l'orchidée pétale par pétale et positionnez-la avec sa tige sur la face avant du sarouel (fig. 3).

4. Épinglez méticuleusement les appliqués et cousez au point droit.

Bravo, vos fleurs sont terminées.

1

2

3

je vous recommande

Le piquage des appliqués est l'étape la plus délicate dans la création de ce sarouel. S'ils glissent trop sur le tissu, utilisez du thermocollant double face avant de coudre.

Un **sarouel pour elle et lui**

fournitures (pour taille M et pour une personne mesurant 1 m 75)

- Tissu coton uni marron (1 m 20 x 2 m)
- Tissu coton uni ocre (60 cm x 120 cm)
- Sergé noir et ocre (environ 4 m 50) pour les pistils
- Biais noir (environ 80 cm)
- Élastique noir (environ 85 cm)

Réadaptez les mesures en fonction de la taille et de la hauteur de la personne.

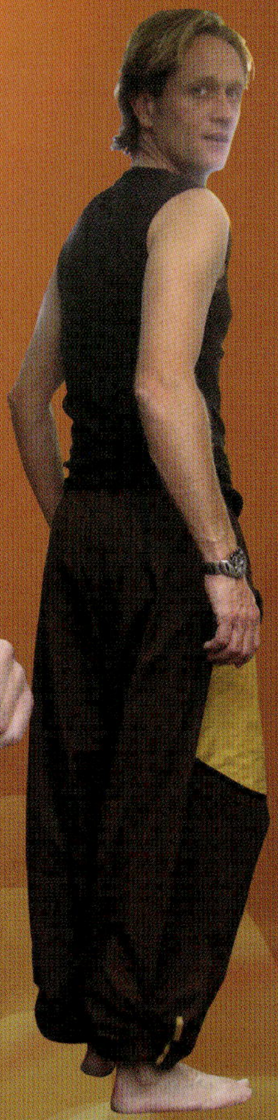

Parce que les hommes le valent bien aussi !

1

3

2

COMMENT FAIRE ?

1. Posez le gabarit page 99 sur votre tissu plié en deux, endroit contre endroit.

2. N'oubliez pas de rajouter 4 cm pour les ourlets à la taille et aux mollets et 1,5 cm à tous les autres bords pour le surplus de couture. Découpez quatre fois votre tissu selon le tracé.

3. Découpez deux fois les poches. Si le tissu choisi est trop fin, découpez quatre fois afin de doubler.

4. Reconstituez un avant et un arrière en piquant endroit contre endroit. Posez sur la face arrière le sergé comme indiqué sur le gabarit (fig. 1)

5. Préparez les poches en biaisant le bord supérieur et inférieur. Surfilez les côtés au point zigzag ou à la surfileuse si vous avez la chance d'en avoir une. (fig. 2). Épinglez sur l'avant et disposez les rubans de sorte qu'ils cachent les points de surfilage (fig. 3). Piquez.

6. Posez l'avant et l'arrière, endroit contre endroit. Piquez.

4

5

7. Ourlez la taille en laissant un orifice de 2 cm afin de passer l'élastique. Ourlez les mollets. Retournez le sarouel sur l'endroit.

8. Introduisez l'élastique dans l'ourlet de la taille à l'aide d'une épingle à nourrice (fig. 4). Il doit être environ 4 cm plus court que la mesure de la taille. Essayez et réajustez si besoin. Cousez les extrêmités des élastiques ensemble en piquant un rectangle. Fermez l'ourlet.

9. Faites les plis à la cheville : réalisez 4 plis plats comme indiqué sur le gabarit (dans le sens de la flèche). Épinglez et piquez sur 4 cm. Assurez les extrêmités de couture par des points aller retour (fig. 5).

10. Votre homme est maintenant prêt à se pavaner en sarouel et vous aussi !

Une famille de broches

variante

Vous pouvez aussi les utiliser
en bijoux de sac ou en porte-clés.

Attention, famille nombreuse à épingler partout, sans modération.

Maman broche

fournitures

- Tissu à pois
- Tissu rouge
- Ruban à franges rouges pour les cheveux
- Ruban argenté pour la couronne
- Tulle et biais rouges
- Ruban rose pour les couettes
- Appliqué fleur pour la veste
- Appliqué couleur chair pour le visage
- Épingle à nourrice
- Du feutre

La maman broche mesure 15 cm une fois terminée (fig. 1). **Voir le gabarit page 100.**

1

COMMENT FAIRE ?

1. Piquez endroit contre endroit les rectangles rouges et ceux à pois (fig. 2).

2. Posez les deux rectangles ainsi composés endroit contre endroit et épinglez le gabarit de la broche (fig. 3).

3. Cousez au point droit le long du gabarit et crantez régulièrement le long des courbes.

4. Découpez un trou au niveau du visage et retournez la broche comme une chaussette (fig. 4).

5. Rembourrez bien avec de la ouate à travers le trou du visage.

6. Cousez à la main l'appliqué chair afin d'obturer le trou (fig. 5).

2

3

4

5

1

2

3

4

5

6

AVEC DE BEAUX CHEVEUX

Créez sa chevelure en cousant à la main le ruban à franges, nouez ses couettes avec le ruban rose puis cousez le ruban argenté en couronne (fig. 1 et 2).

AVEC DE BEAUX HABITS

1. Repliez le tulle en deux dans la hauteur. Froncez-le et maintenez-le avec le biais rouge qui sert de ceinture (fig. 5).

2. Cousez à la main la jupe sur la broche et agrémentez d'une étoile (fig. 3).

3. Cousez l'appliqué fleur au dos pour lui faire une jolie veste.

4. Cousez l'épingle à nourrice au dos en utilisant du feutre pour la maintenir (fig. 4).

AVEC UN BEAU SOURIRE

Brodez les yeux, le nez et la bouche au point lancé (fig. 6).

variante

Variez à l'infini la coiffure, les atours et les expressions du visage de maman broche.

COMMENT FAIRE ?

1. Utilisez les gabarits de papa et bébé broches **proposés en page 100.**

2. Reportez-vous aux instructions données pour maman broche pour les réaliser.

3. Et laissez libre cours à votre inspiration pour accessoiriser et personnaliser papa et bébé!

La famille sera ainsi au grand complet pour s'afficher sur vos écharpes ou encore en gri-gri de sac.

Le papa broche mesure 15 cm une fois terminé et bébé broche 6 cm

Le **sarouel biloba**

Pas besoin d'avoir la main verte pour faire pousser un ginko biloba sur votre sarouel.

1

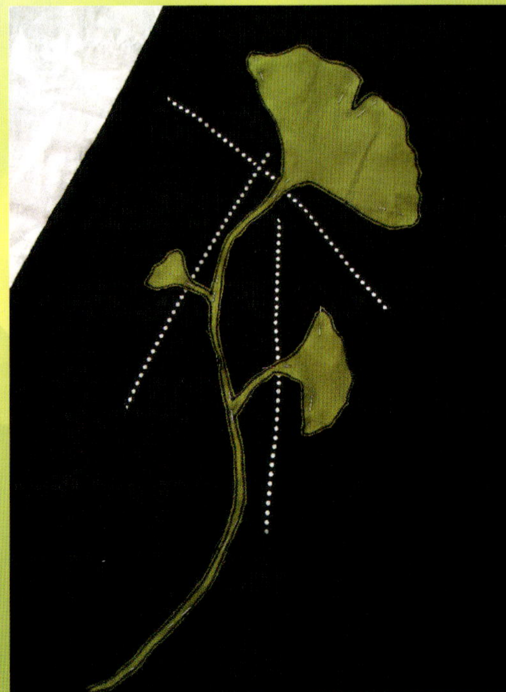

2

COMMENT FAIRE ?

1. Le sarouel biloba se base sur le modèle du sarouel simple (voir page 14), en ajoutant l'appliqué biloba et des rubans deci delà.

2. Cousez l'appliqué biloba suivant le gabarit. Veillez à bien épingler chaque feuille et à respecter la courbe de la tige telle que sur l'image 1.

3. Positionnez-le sur un côté du sarouel, afin que le motif ne bouge pas trop au moment de la marche.
Épinglez et n'oubliez pas d'insérer les rubans à la base de chaque feuille avant de coudre au point droit (fig. 2).

4. Nouez les rubans.

fournitures

- Tissu noir
- Tissu vert
- Tissu noir à pois blancs
- Ruban noir à pois blancs
- Ruban noir pour la ceinture
- Fermeture à glissière de 20 cm

Voir le gabarit page 101.

astuce

Choisissez un tissu coloré et lumineux pour le biloba afin de bien contraster avec le fond noir du sarouel.

1

Si vous désirez faire une ceinture dans un tissu contrastant, découpez-la dans le sarouel noir (fig. 2 et 3). La chute vous servira alors de gabarit. Ajoutez la couture (fig. 4).

Cousez endroit contre endroit la nouvelle ceinture et le sarouel noir, en veillant à laisser une ouverture de 18 cm pour insérer la fermeture à glissière.

Si vous voulez ajouter un ruban sur la ceinture, cousez-le avant de monter la fermeture à glissière (fig. 1).

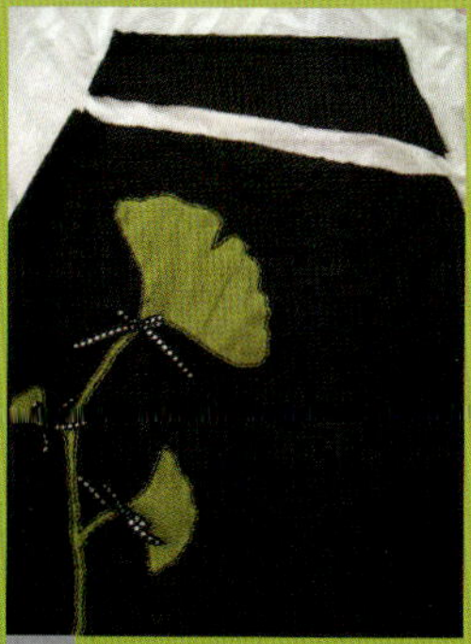

2

3

4

Le **col étoile**

fournitures

- Tissu en laine à dominante verte (80 x 50 cm)
- Tissu en velours milleraies vert pour la doublure (80 x 50 cm) et pour l'étoile (dont le gabarit est donné page 95)

astuce

Un tissu tout doux pour la doublure rendra votre col plus confortable.

Un méga col pour fille méga frileuse !

astuce

Ce col est si large que vous pourrez même le relever en capuche.

1

2

3

COMMENT FAIRE ?

1. Réalisez l'appliqué étoile selon le gabarit page 95, et cousez-le sur le rectangle de laine (fig. 1).

2. Pliez en deux chaque rectangle dans le sens de la longueur. Cousez endroit contre endroit la hauteur. Vous obtenez deux tubes.

3. Insérez la doublure dans le tube en laine endroit contre endroit. Cousez le bord supérieur et retournez le tout (fig. 2).

4. Surpiquez le bord inférieur en rentrant le tissu de 1,5 cm (fig. 3).

Vous êtes parée pour l'hiver !

Abracadabra ! **Transformez votre pantalon en sarouel**

fournitures

- Un pantalon que vous avez trop vu
- Tissu coton uni jaune (45 x 55 cm)
- Tissu coton uni jaune pour la ceinture de 10 cm x (votre tour de taille 65 cm)
- Élastique pour les chevilles (facultatif)

Voir le gabarit A page 102 et le schéma page 103.

La magie de la customisation ou comment s'habiller malin à petit budget !

conseil

Pour de plus jolies finitions, faites un rappel de couleurs en confectionnant une ceinture coordonnée à la partie rajoutée.

COMMENT FAIRE ?

1. Posez le gabarit A sur votre tissu jaune plié en deux, endroit contre endroit. N'oubliez pas de rajouter 1,5 cm pour le surplus de couture, et découpez deux fois votre tissu.

2. Reconstituez un avant et un arrière en piquant endroit contre endroit, uniquement la partie droite.

3. Posez le gabarit A sur votre pantalon comme dessiné sur le schéma page 103. Chaque pointe doit déborder de 2 cm sur le pantalon. N'hésitez pas à écarter les jambes du pantalon pour ajuster. Épinglez. Tracez à la craie de tailleur le pourtour sur votre pantalon. Si vous n'en avez pas, marquez-le avec des aiguilles (fig. 1). Découpez à 1,5 cm du tracé.

4. Retournez votre pantalon. Assemblez endroit contre endroit et bord à bord, le tissu jaune sur le pantalon. Piquez tout le pourtour. Finissez au point zigzag.

5. Et voilà, abracadabra, c'est vous la magicienne ! (fig. 2).

6. Pour la ceinture, découpez deux bandes dans le tissu jaune. Pliez-la en deux, endroit contre endroit dans le sens de la largeur. Piquez, surfilez au point zigzag et cousez en biais les deux extrêmités (fig. 3). Insérez-la dans les passants du pantalon.

Et voilà comment faire du neuf avec du vieux !

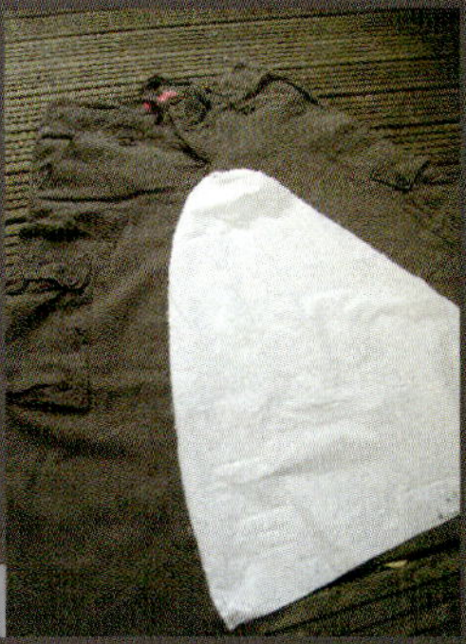

1

2

3

Avec **un pantacourt ça le fait aussi !**

Parce qu'en été comme en hiver, on est trop bien en sarouel.

Le **sarouel poissons rouges**

Bloub, bloub ! Mon poisson rouge a aussi craqué pour un sarouel.

variante

Utilisez un fond bleu, modifiez la couleur des poissons et leur nombre, et vous obtiendrez un sarouel mer tropicale.

COMMENT FAIRE ?

1. Découpez le sarouel suivant votre patron personnalisé ou le gabarit page 87 (fig. 1).

2. Réalisez les appliqués poissons et bulles à partir des gabarits pages 104 et 105.
Pour les yeux des poissons, thermocollez le tissu noir, découpez et collez avec de la colle à tissu (fig. 2 et 3).

3. Cousez les appliqués sur la face avant (fig. 4).

4. Finissez de coudre le sarouel comme pour un sarouel simple.

1

2

3

4

fournitures

- Tissu noir pour un sarouel simple
- Chutes de tissu pour les appliqués poissons et bulles
- Thermocollant
- Colle à tissu

astuce

Pour éviter que les appliqués ne glissent sur le tissu au moment de les piquer, utilisez du thermocollant double face.

Le **sarouel pantacourt** pour **garçon hyper cool**

C'est moi qui l'ai, le sarouel des mers tropicales !

fournitures pour taille 6 ans

- Tissu imprimé bleu turquoise (40 cm x 60 cm)
- Tissu imprimé poissons pour les appliqués
- Élastique blanc (1,5 cm de largeur sur 50 cm de longueur)

Réadaptez les mesures en fonction de la hauteur et de la taille de l'enfant

COMMENT FAIRE ?

1. Posez le gabarit page 106 sur votre tissu plié en deux, endroit contre endroit.

2. N'oubliez pas de rajouter 4 cm pour les ourlets à la taille et aux mollets et 1,5 cm à tous les autres bords pour le surplus de couture. Découpez deux fois votre tissu selon le tracé (fig. 1).

3. Cousez un bord et l'arrondi de l'entrejambe, en superposant les pièces endroit contre endroit. Crantez l'arrondi. Terminez par un point zigzag.

4. Ourlez la taille en laissant un orifice de 2 cm afin de passer l'élastique. Ourlez les mollets. Retournez le sarouel sur l'endroit.

5. Préparez vos appliqués en isolant les poissons au point bourdon. Découpez-les et épinglez-les sur l'endroit du sarouel. Piquez (fig. 2)

6. Retournez le sarouel sur l'envers et finissez de coudre les bords. Ourlez le mollet restant.

7. Introduisez l'élastique dans l'ourlet de la taille, à l'aide d'une épingle à nourrice (fig. 3). Cousez les extrêmités des élastiques ensemble en piquant un rectangle (voir photo 5, page 46). Attention, vérifiez bien les mesures avec celles de votre enfant avant de couper les élastiques. Piquez l'ourlet afin de fermer les orifices.

8. Ça y est, votre petit bout est prêt à aller à la pêche sous les tropiques !

1

2

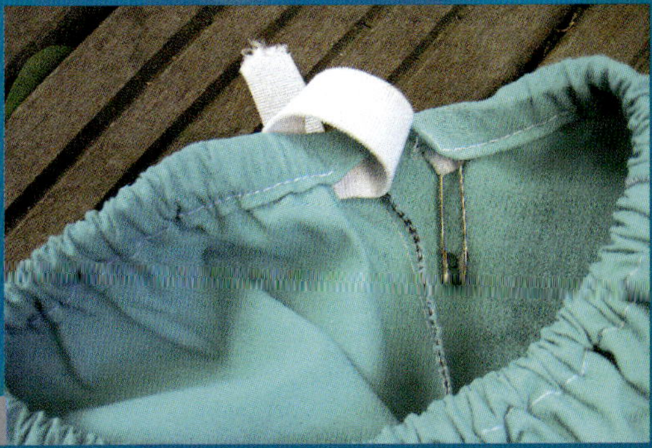

3

La **robe** **sarouel** pour maman coquette

Voici un modèle de robe sarouel pour varier les plaisirs.

fournitures

- Tissu jersey rose pour la partie bustier
- Tissu chocolat pour la partie sarouel
- Ruban chocolat

COMMENT FAIRE LA PARTIE SAROUEL ?

Cousez un sarouel simple, mais coupez la ceinture aux hanches pour pouvoir l'enfiler.

COMMENT FAIRE LA PARTIE BUSTIER ?

1. Prenez un haut jersey qui vous va (attention : le pourcentage d'élasthane doit être le même pour les deux tissus). Il vous servira de gabarit pour couper le tissu rose.

2. Lors de la coupe, pensez à faire correspondre les mesures des deux parties sarouel et bustier, (fig. 1).

3. Cousez les côtés.

4. Ourlez la partie haute sans oublier d'insérer les rubans qui serviront de bretelles (fig. 2).

5. Assemblez et cousez les deux parties sans tirer sur le tissu jersey, sinon il froncera.

6. Les bretelles se nouent derrière le cou.

1

2

astuce

En utilisant du tissu stretch, vous évitez pinces et fermeture à glissière.

Je vous recommande

Utilisez le point stretch et une aiguille stretch pour coudre le tissu jersey car sinon, à force de tirer dessus, le fil risque de se casser.

La **robe** de **princesse** pour **petite fille coquette**

fournitures

(pour taille 3 ans)

- Tissu imprimé rose
- Tulle bleu (60 cm)
- Ruban orange à pois (1 m)
- Biais orange
- Cœur jaune

Moi aussi, je veux ma robe de princesse !

1

astuce

Grâce au laçage, votre fille portera cette robe plus longtemps car elle s'ajustera à ses mesures.

2

COMMENT FAIRE ?

1. Prenez une robe de votre fille (non cintrée), dans laquelle elle se sent bien. Elle vous servira de gabarit.

2. Découpez le tissu imprimé autour sans oublier de rajouter les coutures. Découpez le décolleté légèrement en arrondi (fig. 1).

3. Cousez sur les côtés et finissez au point zigzag. Découpez aux ciseaux à cranter.

4. Ourlez la partie haute en n'oubliant pas d'insérer deux rubans orange de 1 m chacun pour les bretelles et le laçage au dos. Ourlez également la partie basse.

5. Repliez le tulle en deux dans le sens de la hauteur. Plissez-le et épinglez le biais orange afin d'obtenir la bordure inférieure de la robe. Cousez le tulle sur la robe.

6. Pour le laçage dans le dos, faites deux plis de 1 cm de profondeur à partir du haut. Réalisez quatre boutonnières à intervalles réguliers sur chaque pli. Passez les rubans dans les boutonnières en les croisant dans le dos (fig. 2).

7. Cousez le cœur à la main sur l'une des bretelles.

Le **mégasac** de **fille**

Tellement grand que vous pourrez enfin y ranger votre frigo et un avion !

fournitures

- Tissu marron
- Tissu vert
- Tissu à rayures
- Tissu de doublure
- Rubans à pastilles et à pois
- Chutes de tissu pour l'appliqué danseuse
- Motif hydrosoluble pour les cheveux
- Biais turquoise
- Cœurs et fleurs en tissu
- Anses pour sac en cuir
- Mousqueton

Voir les gabarits pages 107 et 108.

je vous recommande

Utilisez un tissu épais (style toile) pour la doublure afin de donner une bonne tenue à votre mégasac.

Chaque face est réalisée dans un patchwork de tissus pour varier les couleurs. Découpez les pièces suivant le gabarit (page 107) dans les tissus correspondants.

1

COMMENT FAIRE LA FACE AVANT ?

1. Réalisez les différents appliqués du visage et du corps de la danseuse dans les chutes de tissu.

2. Agrémentez le motif hydrosoluble de rubans et fleurs en tissu (fig. 1).

3. Assemblez le tout et cousez au point droit sur la face avant de votre sac (fig. 2).

4. Disposez et cousez les cœurs.

COMMENT FAIRE LA FACE ARRIÈRE ?

1. Cousez le ruban à pastilles le long de la couture verticale du patchwork (fig. 3).

2. Cousez l'appliqué rond pour la poche en laissant une ouverture en haut.

3. Posez les deux faces endroit contre endroit et cousez le long de la partie courbe. Retournez.

2

3

variante

Si l'appliqué d'hydrosoluble ne vous plaît pas, réalisez toute votre danseuse en appliqué (tissu) ou en transfert.

astuce

Comme le sac est très grand, pour ne pas perdre votre temps à chercher vos affaires, une poche extérieure vous permet d'accueillir votre portable, et un mousqueton vous évitera de chercher vos clés pendant des heures.

COMMENT DOUBLER LE SAC ?

1. Découpez deux fois le gabarit (page 107) dans le tissu de doublure. Posez les deux faces endroit contre endroit et cousez le long de la partie courbe.

2. Placez la doublure dans le sac et repliez les bords vers l'intérieur avant de ganser avec le biais turquoise (fig. 1). N'oubliez pas d'insérer le ruban et le mousqueton avant de piquer (fig. 2).

Vous obtenez les deux faces de votre sac avant (fig. 3), arrière (fig. 4).

COMMENT FINIR LE SAC ?

Cousez les anses en cuir à la main.

Bravo, votre mégasac est mégabeau, vous pouvez y ranger votre mégabazar !

1

2

3

4

Les **guêtres**

fournitures (pour un tour de mollet de 35 cm et une hauteur de 28 cm)

Les mesures du gabarit page 109 sont à adapter proportionnellement en fonction de votre tour de mollet de la hauteur désirée.

- 4 coupons d'environ 26 cm x 35 cm pour le tissu extérieur
- 4 coupons d'environ 26 cm x 35 cm pour la doublure
- 4 rubans de 75 cm de long chacun
- 4 bandes velcro de 15 cm chacune

100 % fille jusqu'au bout des pieds !

COMMENT FAIRE ?

1. Posez le gabarit page 109 sur votre tissu.

2. N'oubliez pas de rajouter 1,5 cm pour le surplus de couture. Découpez quatre fois votre tissu selon le tracé (ou deux fois si vous avez plié votre tissu en deux).

3. Assemblez l'avant et l'arrière en piquant endroit contre endroit (fig. 1).

4. Faites de même pour la doublure. Cousez une bande velcro le long d'un côté sur sa partie basse à 2 cm du bord. Sur la partie haute, insérez les extrêmités de deux rubans (fig. 2).

5. Assemblez l'avant et l'arrière, piquez et surfilez. Laissez libre le côté opposé au velcro.

6. Retournez la guêtre sur l'endroit et fermez ce côté en faisant un rentré de 1,5 cm. Piquez.

7. Une fois les guêtres essayées, recoupez les rubans à la hauteur désirée et cousez au bout un rond doublé en appliqué pour de jolies finitions (fig. 3). Déterminez l'emplacement de la bande velcro et piquez sur l'endroit.

8. Faites de même avec la seconde guêtre, en insérant à l'opposé les rubans et la bande velcro.

COMMENT LES ENFILER ?

1. Positionnez la couture des guêtres au milieu de votre mollet.

2. Rabattez le côté sans ruban en premier sur votre tibia.

3. Rabattez l'autre côté, fermez à l'aide du velcro puis ajustez les rubans et nouez-les fermement pour que la guêtre ne glisse pas.

1

2

3

Le **mini-sarouel** de la **petite puce**

fournitures

- Tissu rose ou rouge pour le sarouel
- Tissu à pois rouges pour la ceinture et l'appliqué fleur
- Ruban rouge à pois pour accrocher la fleur
- Chute de tissu jaune à pois pour l'appliqué fleur

à savoir

La technique utilisée pour le sarouel de la choupette est la même que celle du sarouel adulte, mais avec une taille élastiquée plus adaptée aux enfants.

Vous pouvez partir d'un pantalon existant comme pour la version du sarouel simple adulte.

Telle mère, telle fille !

COMMENT FAIRE ?

1. Réalisez deux fleurs (voir l'explication de la barrette pages 75 et 76).

2. Découpez les tissus en prenant un pantalon de votre enfant et selon l'exemple donné (fig. 1).

3. Piquez les côtés et l'entrejambe, finissez les ouvertures des pieds.

4. Cousez les côtés de la ceinture. Assemblez ce tube sur le haut du sarouel en insérant deux rubans pour les fleurs (fg. 2).

5. Pour la taille, ourlez la partie haute en laissant une ouverture pour enfiler l'élastique avec une épingle à nourrice (fig. 3). Cousez ensemble les bouts de l'élastique et fermez l'ouverture (fig. 4).

astuce

Pour que les fleurs restent bien en place, cousez le ruban et la moitié haute de la fleur sur le sarouel.

1

2

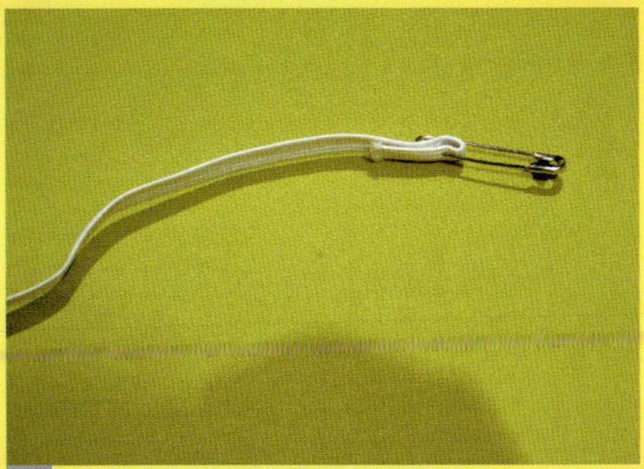

3

4

La **barrette** fleur

Mini-princesse Léia est de sortie.
La force est dans les gènes !

fournitures

- Chutes de tissu à pois
- Chutes de tissu jaune pour le dessus de la fleur et rouge pour le dessous de la fleur
- Ouate plate
- Boutons coccinelle
- Barrette

Voir le gabarit page 95.

astuce

Personnalisez davantage encore la broche en réalisant vous-même le bouton en argile ou en pâte polymère.

1

2

COMMENT FAIRE ?

1. Cousez un appliqué rond dans le tissu jaune à pois.

2. Piquez l'appliqué sur le tissu à pois rouges (fig. 1).

3. Positionnez dans l'ordre votre tissu rouge, la ouate plate en double épaisseur et le tissu à pois rouge (fig. 2).

4. Épinglez votre gabarit fleur page 95 et surpiquez tout autour. Découpez en prenant soin de ne pas défaire les coutures.

5. Cousez à la main le bouton coccinelle à l'avant (fig. 3) et la barrette au dos (fig. 4).

3

4

La **jupe hula hoop**

Comment transformer une jupe lambda en jupe extra...

fournitures

- Tissu pommes vertes
- Tissu uni rose
- Tissu uni orange
- Tissu uni vert
- Fermeture à glissière de 20 cm
- Baleine souple (1,60 m)

Voir le gabarit page 110.

1

je vous recommande

Pour que le cercle obtenu avec la baleine garde sa tenue, ne dépassez pas une circonférence de 1,60 m.

COMMENT FAIRE ?

1. Découpez la ceinture dans le tissu pommes (hauteur 20 cm) et montez-la comme dans le sarouel ceinture (fig. 2).

2. Pour le reste de la jupe, assemblez votre patchwork suivant le gabarit (page 110) et cousez-le avec la ceinture endroit contre endroit (fig. 3).

3. Ourlez la partie basse de la jupe en laissant une ouverture pour la baleine et en prenant garde à ce que l'ourlet soit assez large.

4. Enfilez la baleine dans l'ourlet. Fermez l'ouverture.

Votre jupe hula hoop va faire tourner les têtes !

2

3

4

Le **sarouel bulles**

Pour buller partout
sans complexes.

fournitures

- Tissu gris pour le sarouel
- Tissu noir pour le pan
- Tissu vert anis pour les bulles
- Ruban noir (3 m)
- Pompons noirs
- Fermeture à glissière de 20 cm

COMMENT FAIRE ?

1. Réalisez un sarouel simple dans le tissu gris. Avant de coudre la fermeture à glissière, insérez 2 rubans de chaque côté.

2. Découpez un rectangle de 40 cm x 84 cm dans le tissu noir. Ourlez tout autour (fig. 1).

3. Réalisez les appliqués bulles de 10, 14 et 17 cm de diamètre dans le tissu vert (fig. 2). Cousez-les sur le pan et ajoutez les pompons (fig. 3).

4. Piquez le pan sur l'avant du sarouel.

5. Cousez les rubans sur les deux faces par-dessus le pan (fig. 4).

Vous n'avez plus qu'à nouer les rubans pour être la plus belle !

astuce

Pour que le pan ne se soulève pas trop, cousez-le au sarouel sur la moitié de sa longueur.

1

2

3

4

Le **sarouel** œuvre d'art

Réalisez un sarouel à partir de votre tableau préféré en combinant les techniques du sarouel ceinture et du sarouel bulles.

COMMENT FAIRE ?
Réalisez un sarouel ceinture et insérez votre pan entre la ceinture et le reste du sarouel.

astuce

Les pans imprimés œuvre d'art se trouvent sur Internet. Reportez-vous au carnet d'adresses page 117.

fournitures

- Tissu imprimé noir pour le sarouel
- Tissu uni rouge pour la ceinture
- Pan œuvre d'art
- Fermeture à glissière de 20 cm

Le panta-**sarouel** **cerceau et sa tunique fleur**

Pour aller au cirque et époustoufler le public!

Voir les gabarits pages 111 et 112.

fournitures

- Tissu coton uni orange (2 morceaux de 90 x 80 cm)
- Tissu strech (2 bandes de 45 x 80 cm)
- Baleine (2 x 85 cm)
- Un pantalon qui vous va bien

1

COMMENT FAIRE ?

Rappel :

Le surplus de couture est d' 1,5 cm et d'ourlet de 4 cm.

Les finitions se font au point zigzag ou à la surfileuse si vous avez la chance d'en avoir une.

Posez toujours les tissus endroit contre endroit avant de piquer, sauf si précision contraire.

1. Pliez les deux morceaux de tissu orange en deux. Posez dessus votre pantalon.

2. Découpez autour à 2 cm du bord (fig. 1). Respectez la découpe à la taille de l'avant et du dos. Pour le bas du sarouel, reportez-vous au gabarit page 111. Ne vous en faites pas si votre découpe est approximative, il vaut mieux découper plus large car c'est un panta-sarouel et non pas un slim que vous vous apprêter à coudre. La taille s'ajustera grâce à la ceinture strech.

3. Reconstituez un avant et un arrière en piquant les coutures latérales BC.

4. Superposez l'avant et l'arrière. Piquez l'entrejambe d'une extrémité à l'autre.

5. Piquez la couture latérale AE. Essayez le sarouel et marquez à la craie de tailleur l'endroit qui correspond à la taille basse (voir page 11). Coupez le tissu en surplus. Piquez le dernier côté (fig. 2).

6. Ourlez le sarouel en laissant une ouverture de 5 cm afin d'y passer la baleine. Les deux extrémités doivent se chevaucher sur au moins 3 cm. Coupez le surplus. Retourner le tout sur l'endroit.

2

COMMENT FAIRE LA CEINTURE ?

1. Mesurez votre tour de taille et coupez une bande de 45 cm x par la mesure trouvée. Pliez votre tissu en deux dans la longueur. Utilisez un fil et une aiguille adaptée à votre tissu strech. Piquez la largeur et repliez-la en deux. Superposez la ceinture à la taille du sarouel, épinglez en étirant le tissu strech afin que les coutures correspondent. Piquez. (fig. 3)

2. Lors de l'essayage, repliez à nouveau la ceinture pour cacher la couture à la taille.

Et voilà, vous êtes prête à faire le clown!

3

astuce

Si vous insérez un élastique à la place de la baleine dans l'ourlet, vous obtiendrez un sarouel aladin.

fournitures pour la tunique en taille 36

- Tissu strech (90 x 120 cm)
- Chutes de tissus pour la fleur
- Deux rubans orange à pois (un de 85 cm et le second de 145 cm)
- Une grosse perle orange
- Un tee shirt en maille strech qui vous va bien.

L'appliqué fleur est à réaliser sur le même principe que la barrette fleur page 75.

1. Posez votre tee shirt sur votre tissu strech plié en deux. Découpez autour à 1,5 cm du bord, sauf pour le décolleté où vous laisserez 3 cm de surplus de couture. Pour la partie basse de la tunique, aidez-vous du gabarit page 112.
2. Piquez-les coutures latérales, puis surfilez tous les bords.
3. Faites un rentré de 3 cm au niveau du décolleté.
4. Placez votre fleur sur un côté et piquez-la sur le décolleté, en n'oubliant pas d'insérer les rubans.

Comment insérer les rubans ?

1. Épinglez les deux extrémités sous la fleur. Placez votre fleur sur le décolleté. Passez les rubans sous le bras et faites-les remonter par dessus l'épaule. Insérez l'autre extrémité du ruban le plus court sous la fleur et laissez pendre l'excédent du plus long.
2. Une fois tout en place, piquez la fleur sur le décolleté et ajustez. Piquez ensuite les rubans au dos comme des bretelles.
3. Rajoutez la perle comme expliqué en page 30 de la tunique cache-coeur.
Et voilà, c'est vous la plus belle des fleurs !

[le **carnet technique**

• Les gabarits sont donnés sans surplus de couture et d'ourlet. Je vous conseille de rajouter 1,5 cm pour les coutures et 4 cm pour les ourlets.

• Le bord de pliure du tissu s'appelle « pliure du tissu » et est symbolisé par un trait en pointillé. Si le patron est posé sur une simple épaisseur, découpez sur l'endroit.

• Respectez bien le droit fil, représenté sur les gabarit pas une double flèche épaisse.

• Les gabarits proposés correspondent à des mesures standards que vous trouverez page 115.

• Cependant pour obtenir un beau tombé du vêtement, il faut commencer par prendre vos mesures exactes afin de les comparer à celles proposées. Vous obtiendrez les mesures qui vous correspondent en les reportant proportionnellement sur votre gabarit.

Astuce pour vous faciliter la vie : pour augmenter d'une taille à l'autre, rajoutez 2 cm en largeur et 1 cm en hauteur pour un haut. Exemple d'une taille 36 à une taille 40, augmentez de 4 cm sur le côté et de 2 cm en hauteur. Et pour un bas, augmentez uniquement de 2 cm en largeur par taille.

Les patrons de **sarouels**

Gabarit du **sarouel et sa sur-ceinture**

Voir les créations pages 14, 25 et 27.

Exemple donné pour une taille 36 d'1m65. le sarouel est porté taille basse.
Pour l'adapter au vôtre, pensez à bien adapter vos mesures. Par exemple si vous portez un 36 et que vous mesurez 1m70 pensez à rajouter 10 cm en hauteur. Faites de même pour le tour de taille.

Pour la surceinture, la flèche en pointillé correspond au tour de taille.
Pour l'adapter au votre, mesurez-le et rajoutez 4 cm.
Exemple : s'il est de 84 cm, il faut compter 84 + 4 = 88 cm.
Soit 44 cm de part et d'autre du centre, et non pas 40 comme indiqué sur le gabarit.

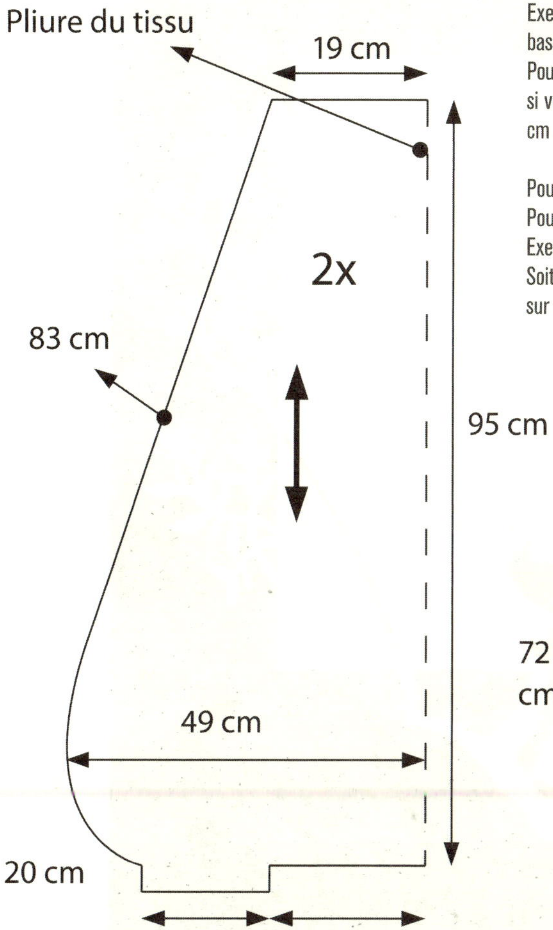

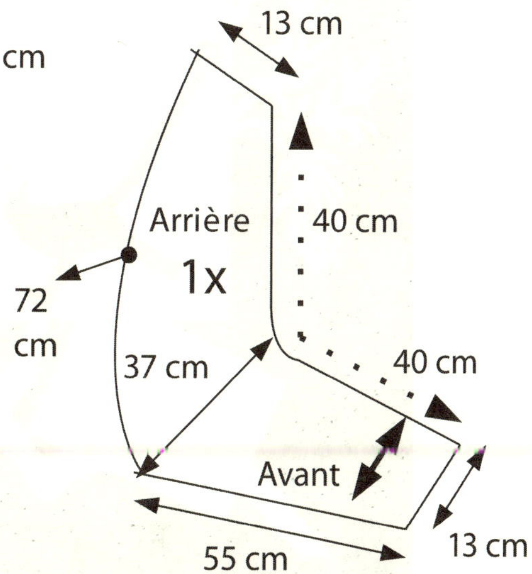

Un patron pour **toutes les tailles**

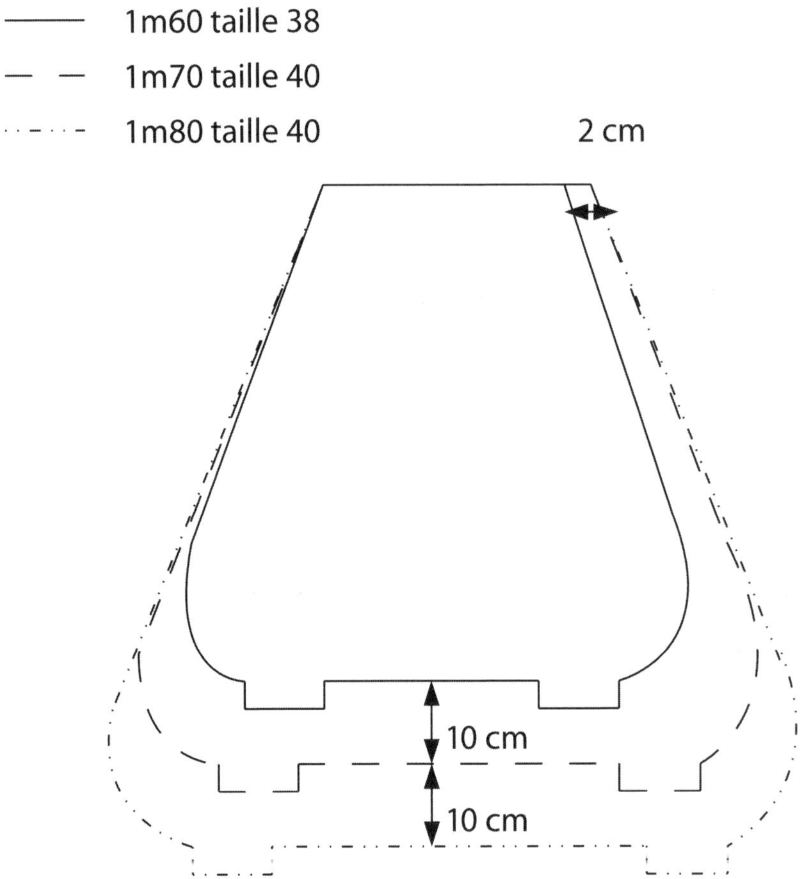

Avec un seul gabarit, vous pouvez créer toutes les tailles.
Il suffit de le faire glisser le long des mesures choisies.

Gabarit des **tabliers**

Voir les créations pages 17 et 20.

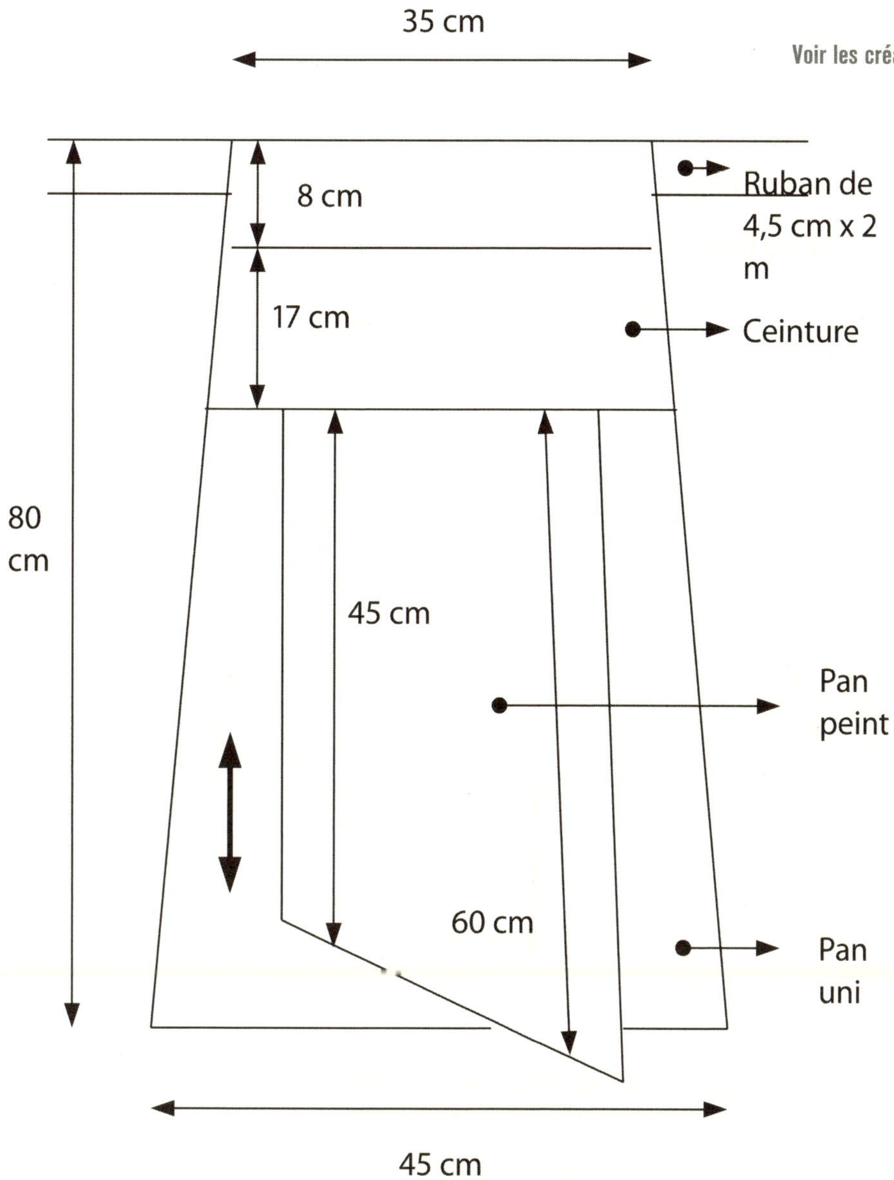

Gabarit de la **kokeshi**

Voir la création page 17.

Découpez chaque élément (cheveux, visage, yeux, joues, kimono, ceinture) séparément afin de pouvoir réaliser les appliqués dans des tissus différents.

Gabarit du **combi-sarouel**

Voir la création page 22.

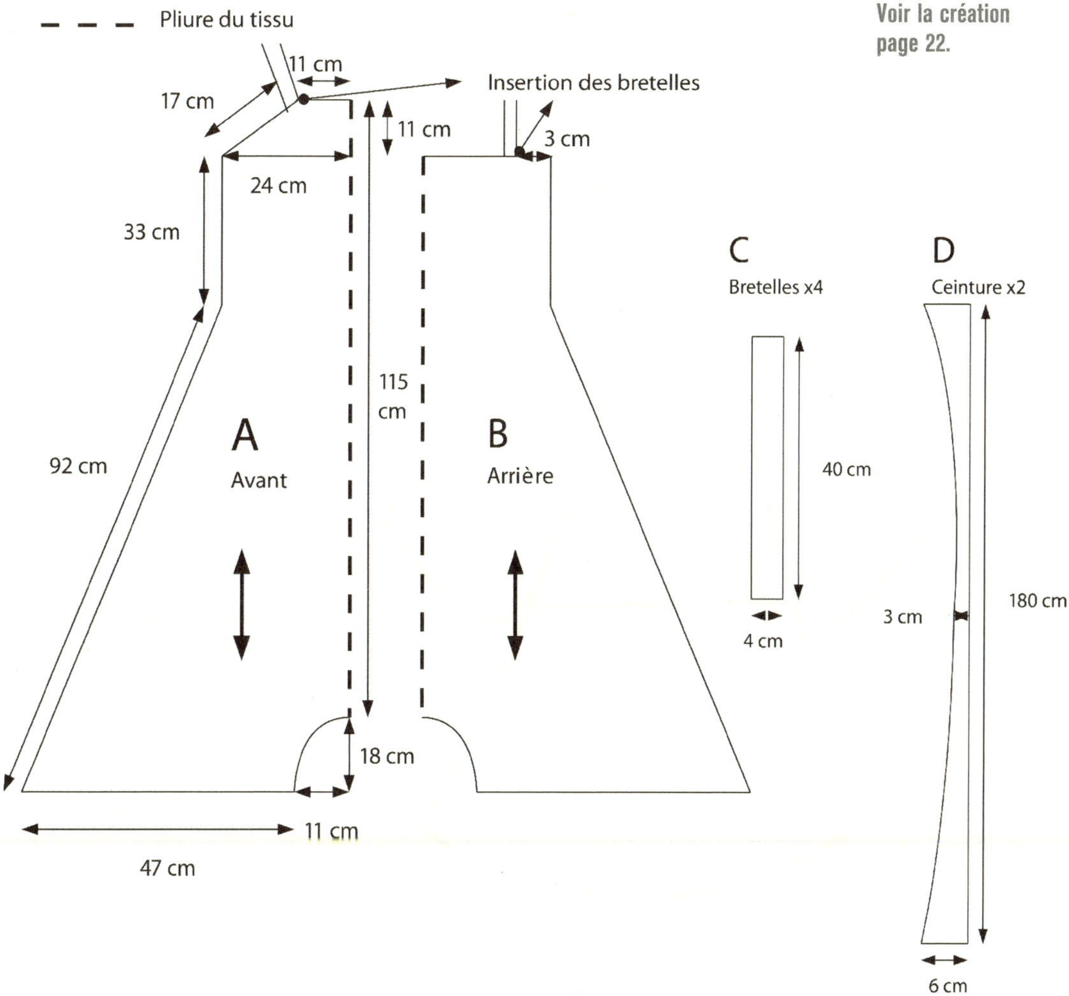

Gabarit de la **tunique cache-cœur**

Taille 36/38 Voir la création page 28.

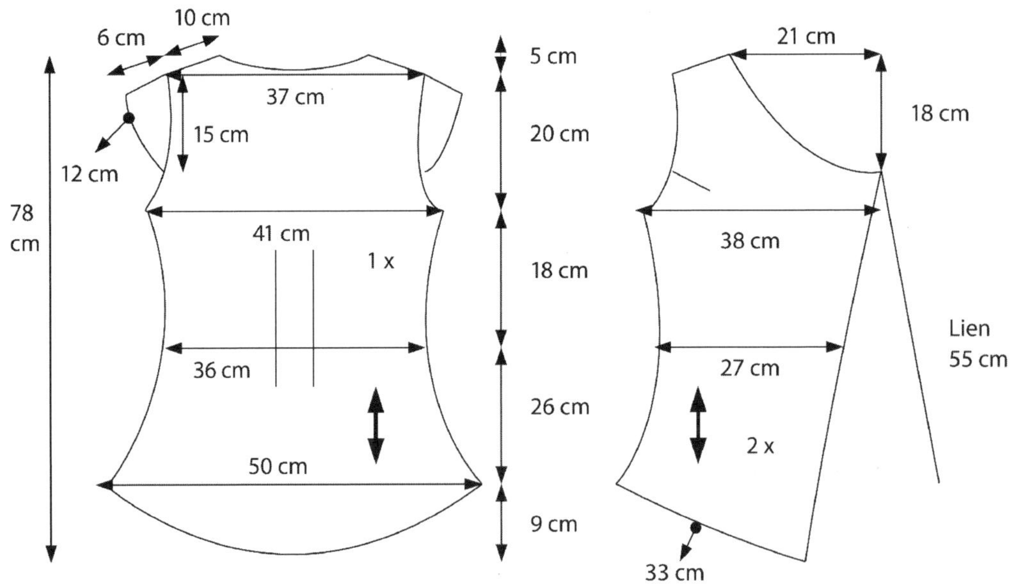

Pour que la tunique ne bâille pas, cousez des pinces au dos et à la poitrine en ajustant sur vous.

Gabarit de la **ceinture** façon **obi**

Voir la création page 31.

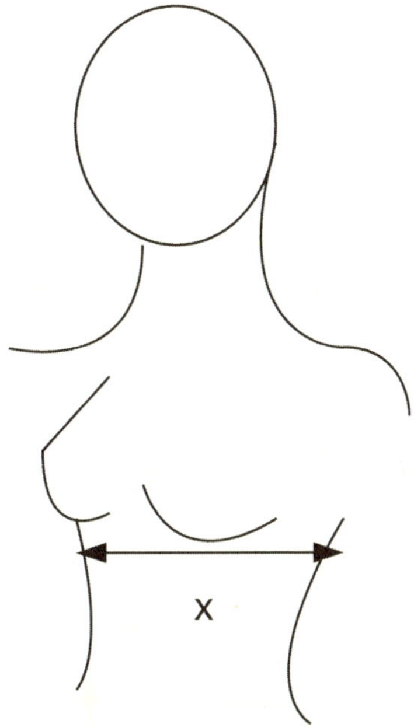

Y = 2x

4 liens de 1 m 50 de long, distants de 5 cm

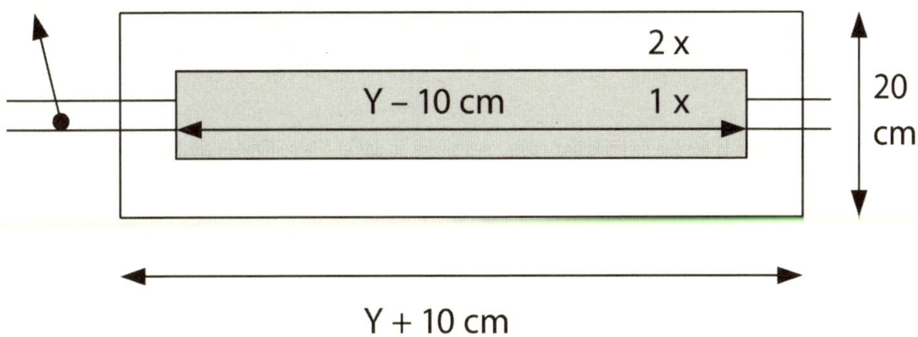

Gabarit du **bandeau fleur**

Voir la création page 34.

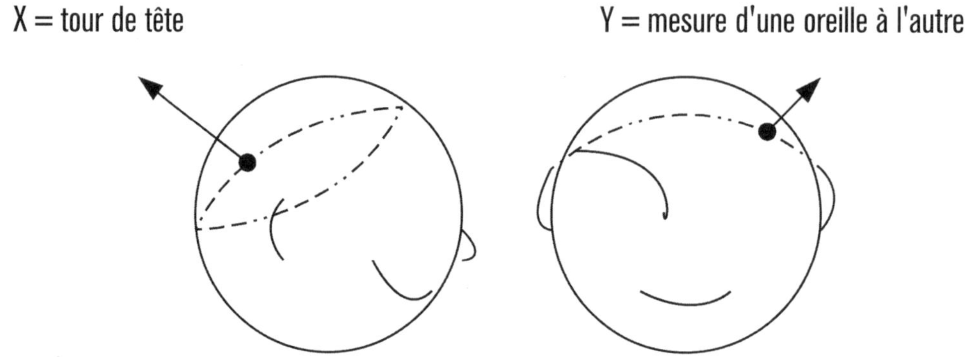

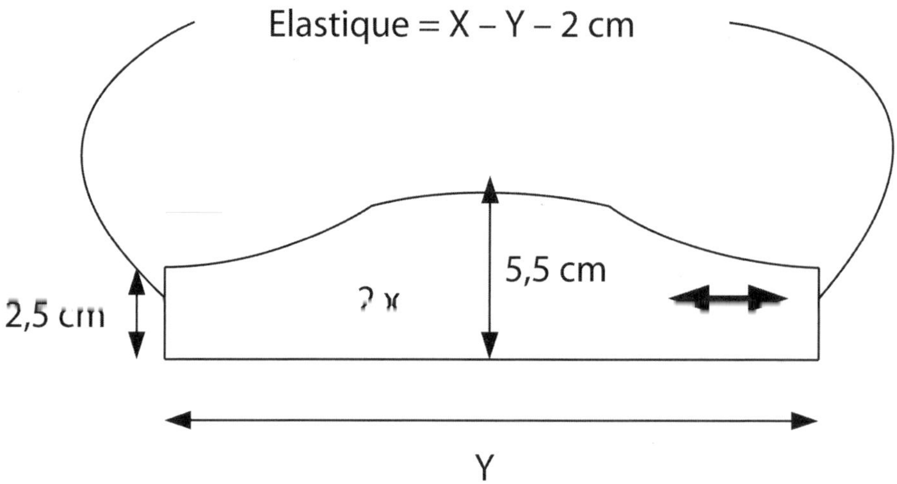

Gabarit de la **fleur** et de **l'étoile**

Voir les créations des fleurs pages 31, 34, 72 et 74, et de l'étoile page 55.

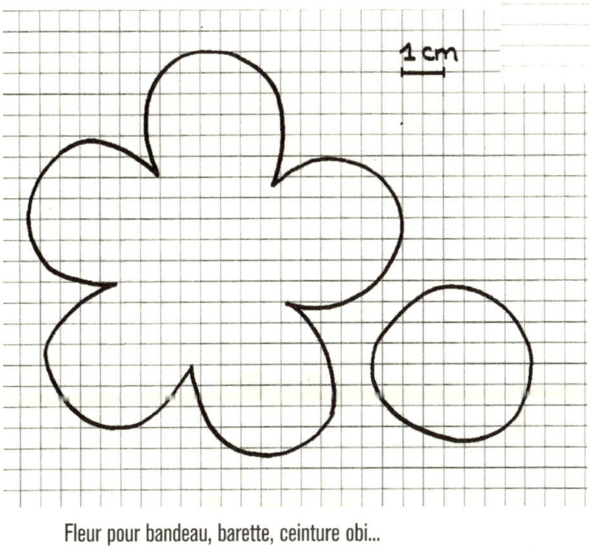

Fleur pour bandeau, barette, ceinture obi...

Gabarit du **gilet** de **mini-bergère**

Voir la création page 36.

Gilet enfant

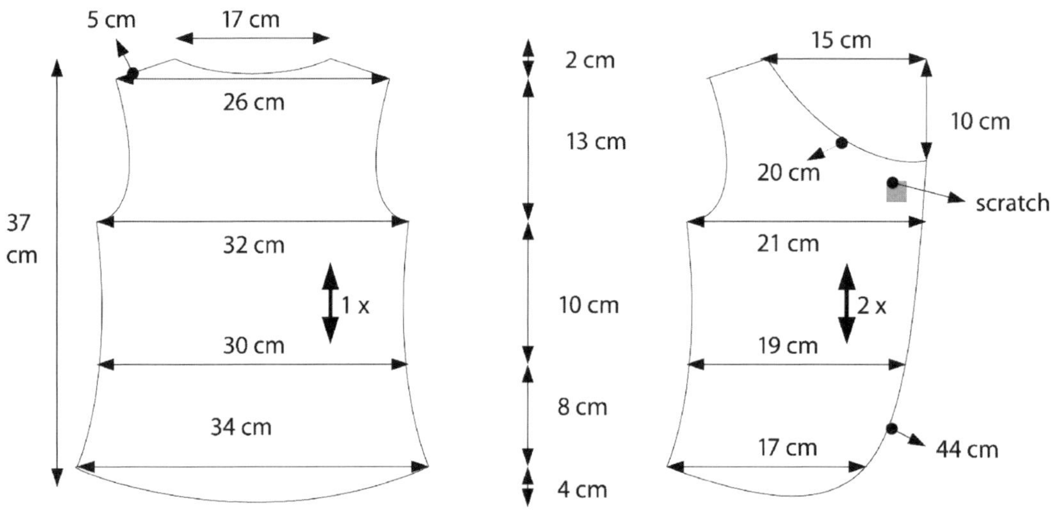

Gilet fille 4 ans

Gabarit du **gilet adulte**

Voir la création page 39.

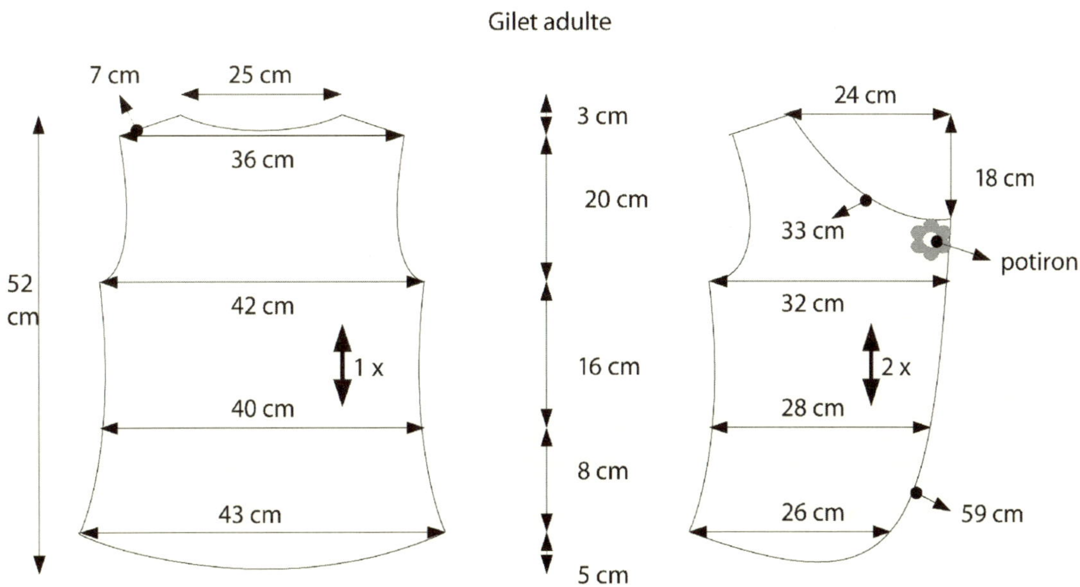

À découper deux fois, tissu plié endroit contre endroit

Gilet pour une taille 36/38

Gabarit des **orchidées**

Voir la création page 42.

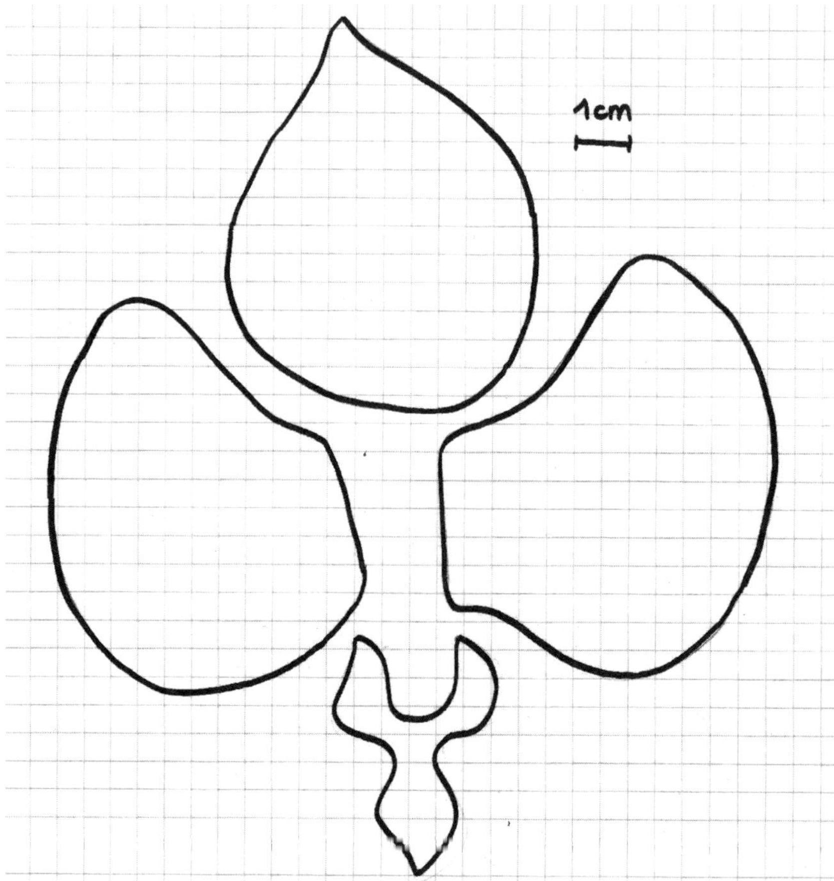

Orchidée en miettes... grandeur nature

Gabarit du **sarouel pour elle et lui**

Voir les créations page 44.

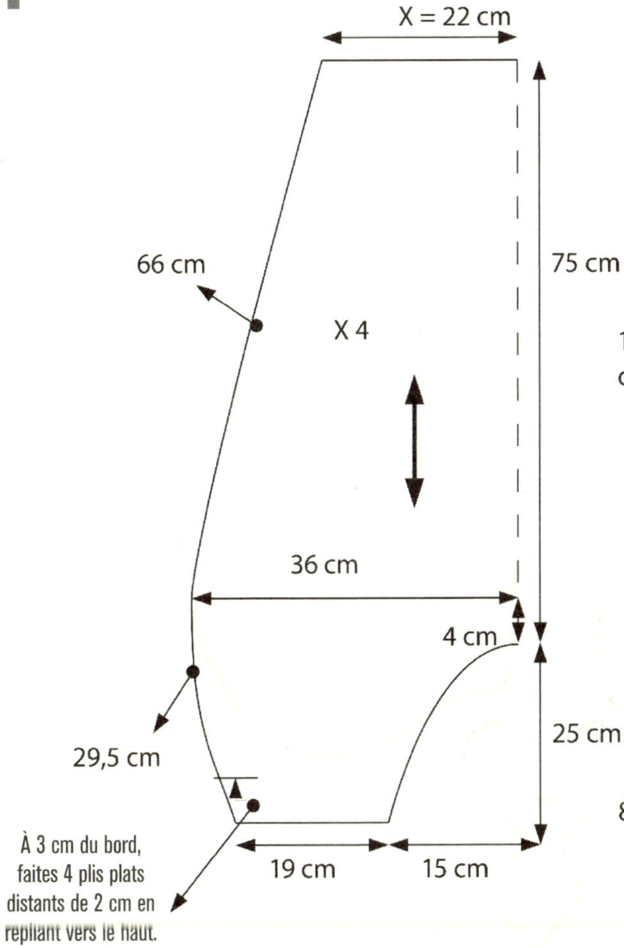

Poche supérieure : x2

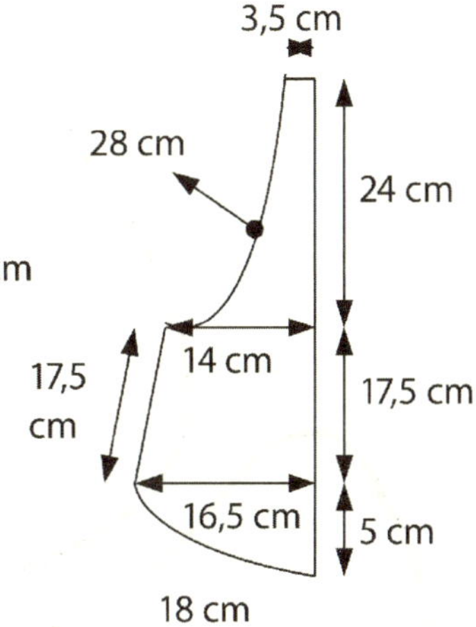

Poche inférieure : x2

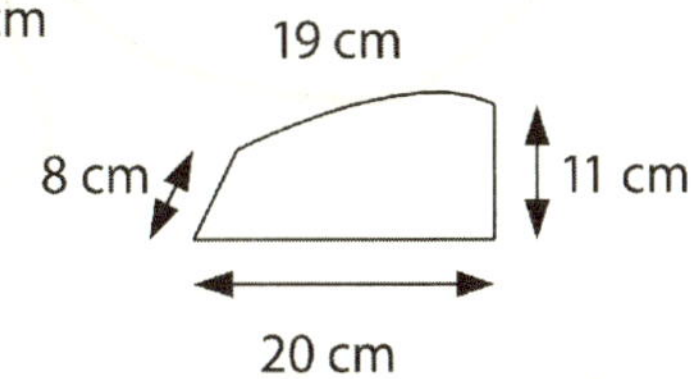

Ce gabarit correspond à une personne d'1m75 (version long). S'il faut plus grand, rajoutez en bas les centimètres manquants. C'est aussi une taille M, vérifiez bien que les mesures du bassin correspondent aux vôtres, car sinon, vous ne pourrez pas l'enfiler. Augmentez alors d'autant la largeur.

Gabarit de la **famille broches**

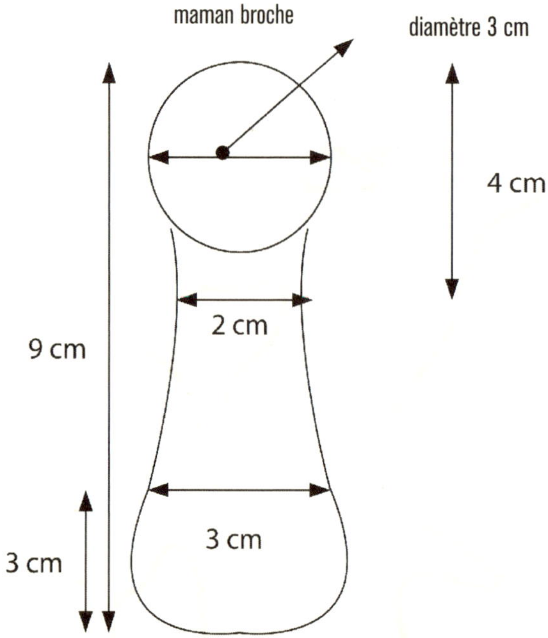

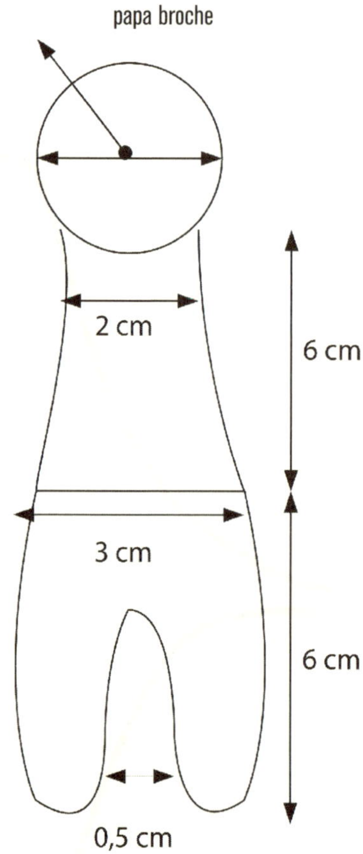

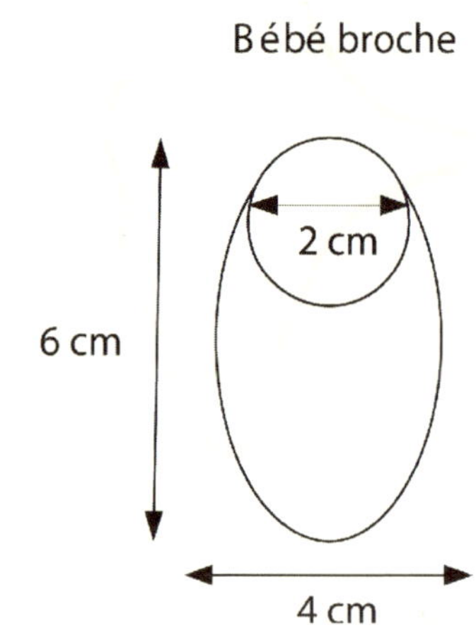

Voir les créations pages 47 à 50.

Gabarit des **bilobas**

Voir la création page 51.

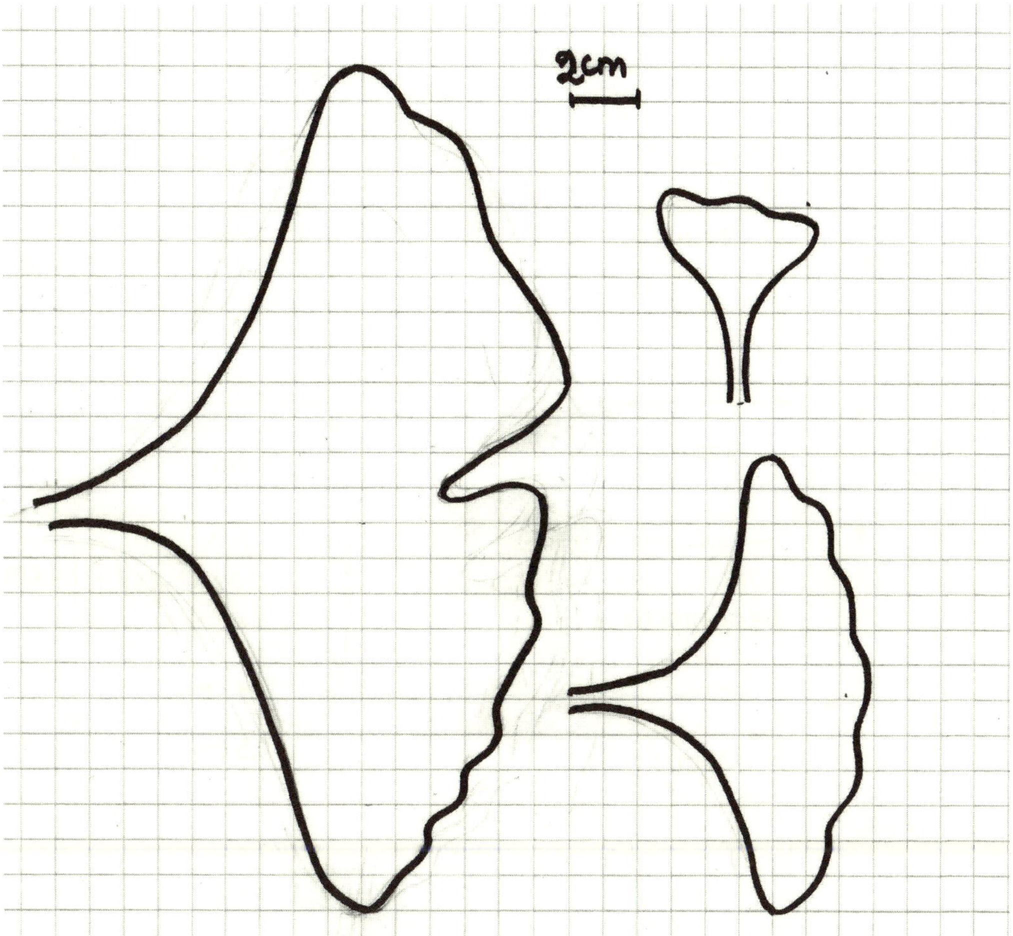

3 exemples de feuilles de biloba

Gabarit du **panta-sarouel**

gabarit A

Voir la création page 56.

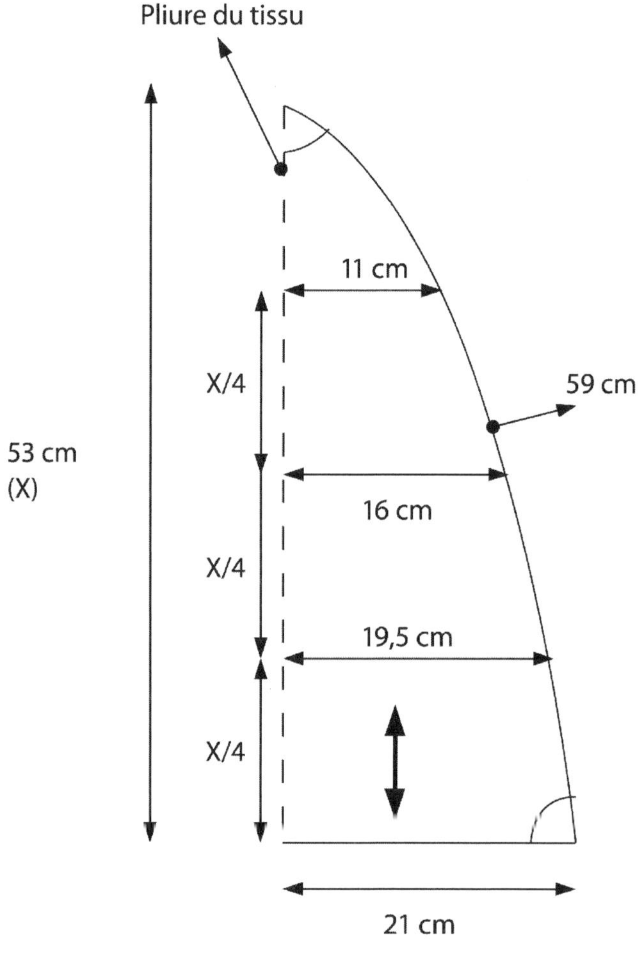

Positionnement du gabarit A pour la customisation

Voir la création page 57.

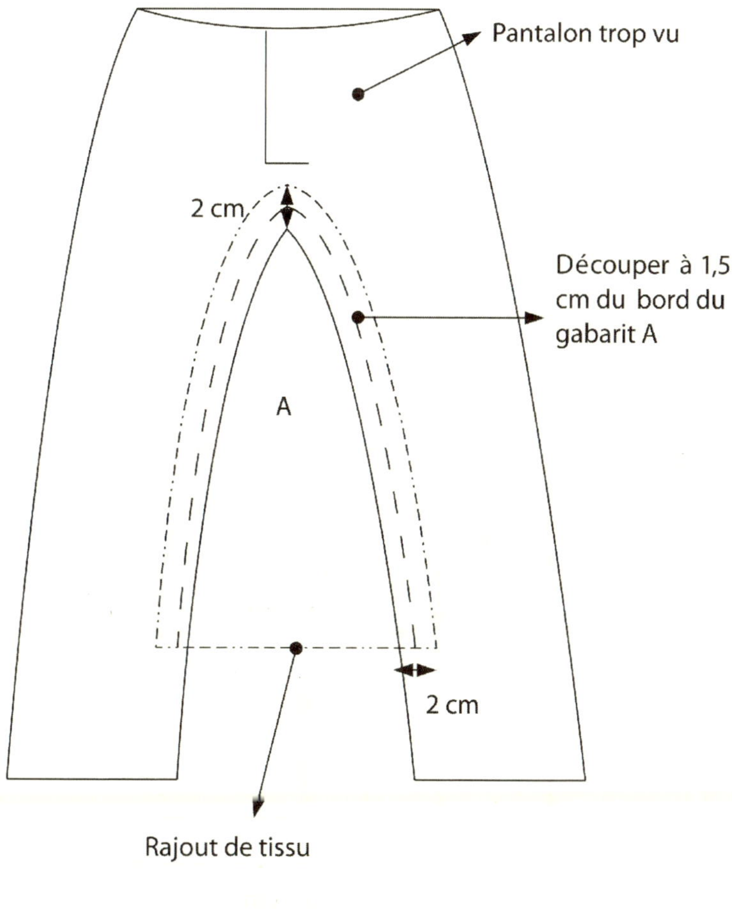

Gabarits des **poissons rouges**

Voir la création page 59.

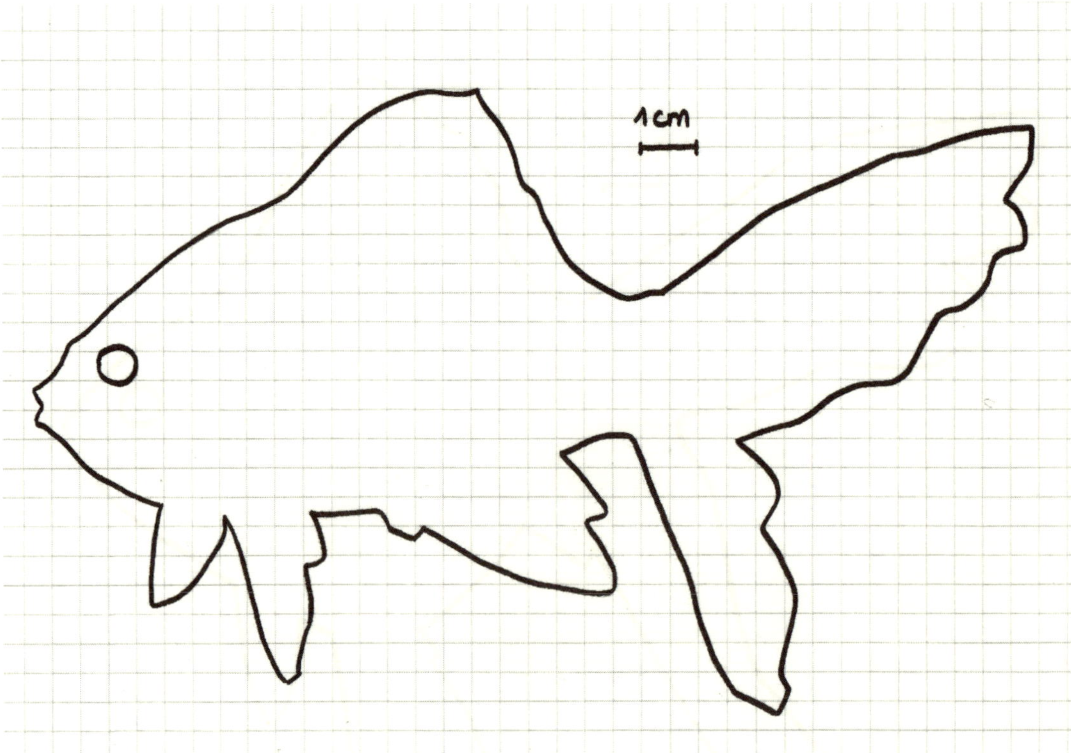

Gabarits des poissons rouges

Voir la création page 60.

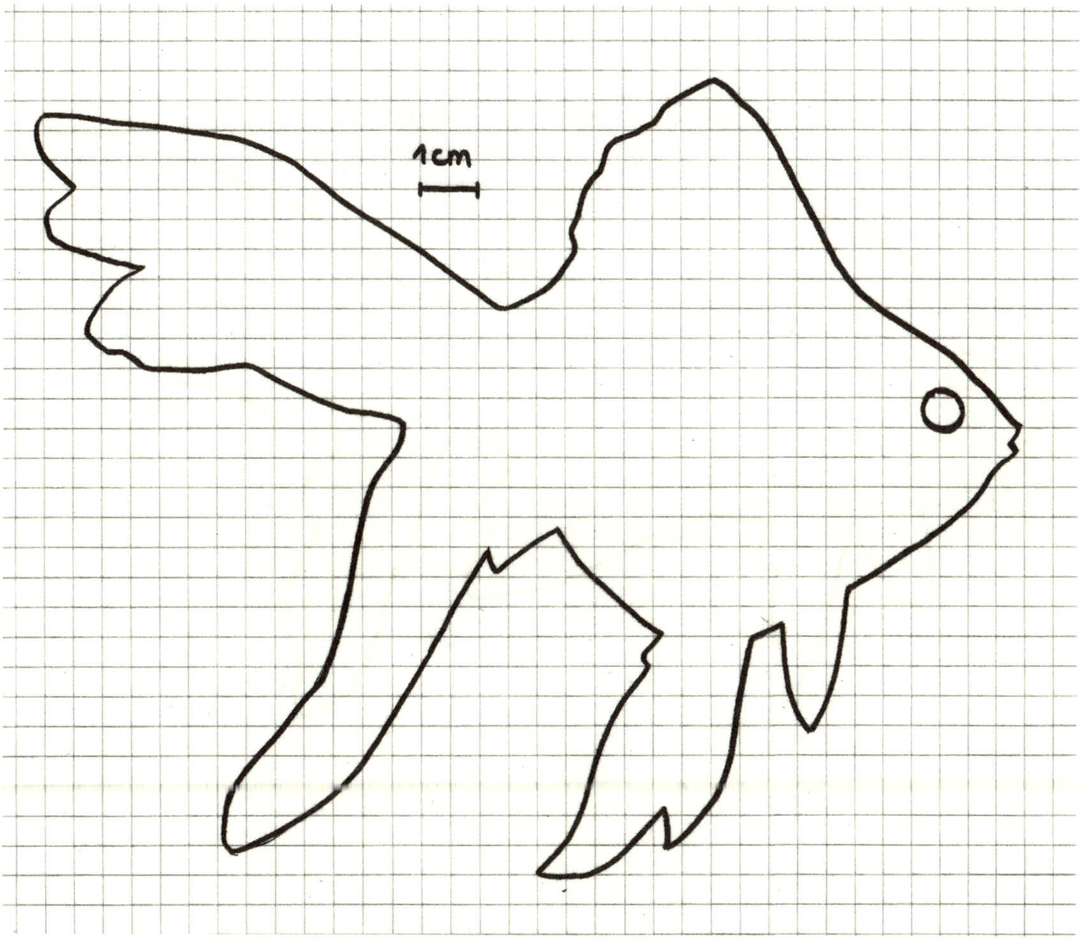

Gabarit du **sarouel pantacourt**

Voir la création page 61.

Taille 6 ans

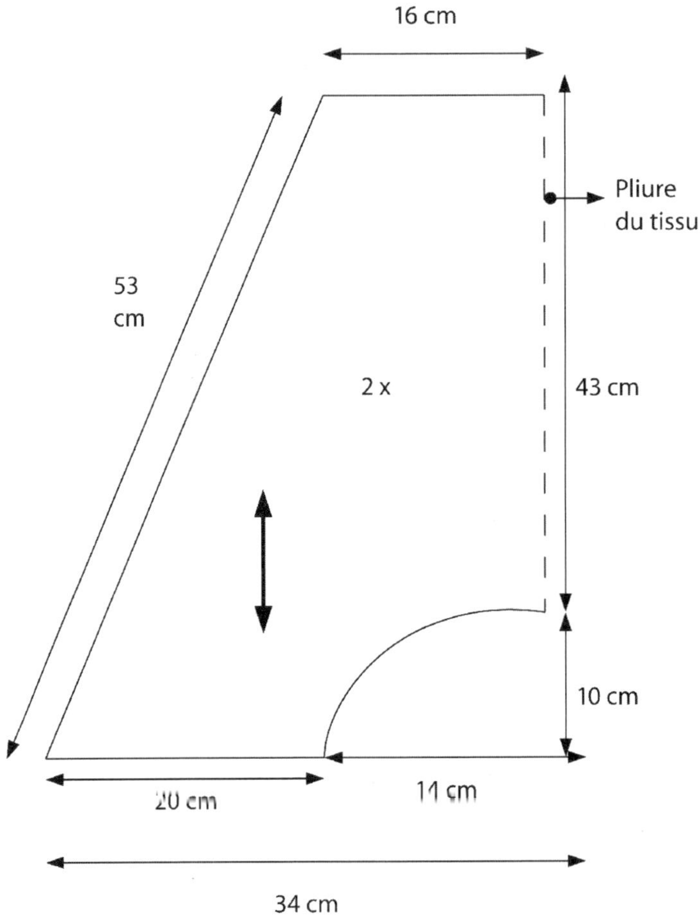

Gabarit du **mégasac** de **fille**

Voir la création page 67.

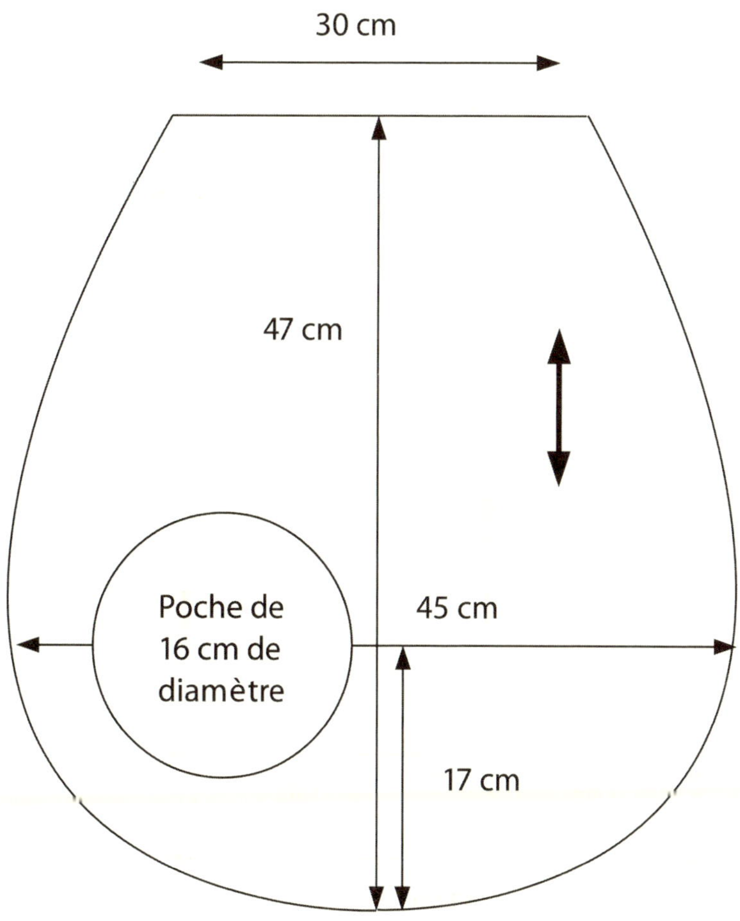

Gabarit du mégasac de fille

Voir la création page 68.

Chaque partie (cheveux, visage, corps, bustier, jupe) est à découper séparément pour pouvoir coudre les appliqués.

Gabarit des **guêtres**

Voir la création page 70.

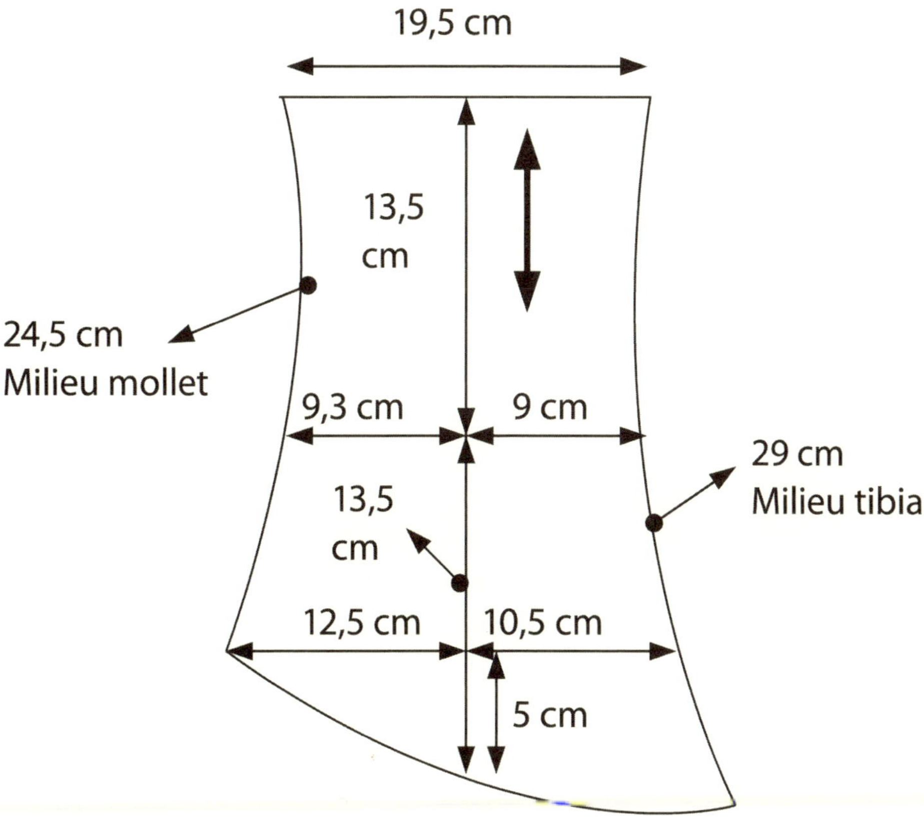

Gabarit de la **jupe hula hoop**

Voir la création page 76.

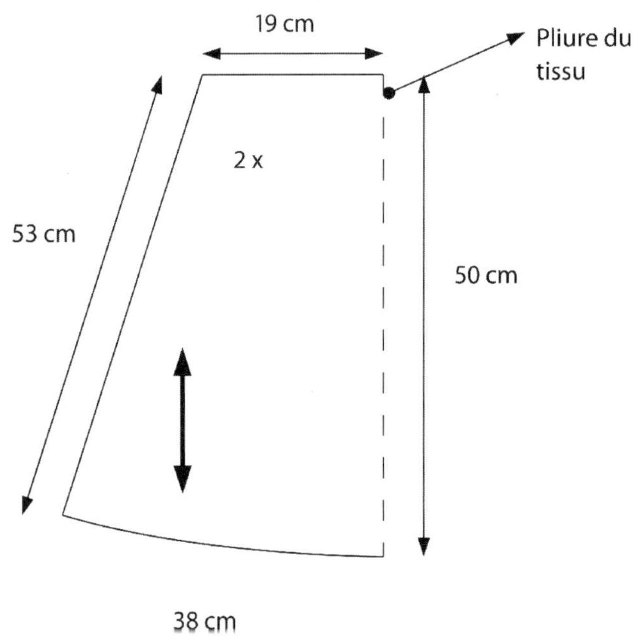

Mesures données pour une taille 38. Pour les autres tailles, reportez-vous au tableau des mesures **(page 115)**, ou mesurez votre tour de taille.

Vérifiez, après le traçage du patron, que la mesure de votre bassin corresponde.

Gabarit du **panta-sarouel**

Voir la création page 81.

Mesures données pour une taille 36 avant insertion de la ceinture jersey.

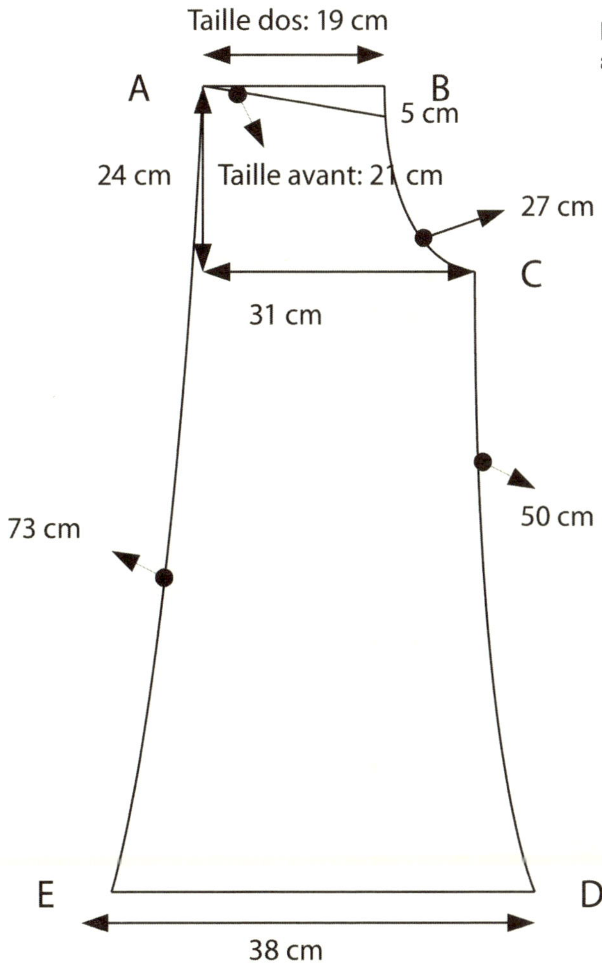

Gabarit de la **tunique fleur**

Voir la création page 84.

Mesures données pour une taille 36 sur tissu strech.

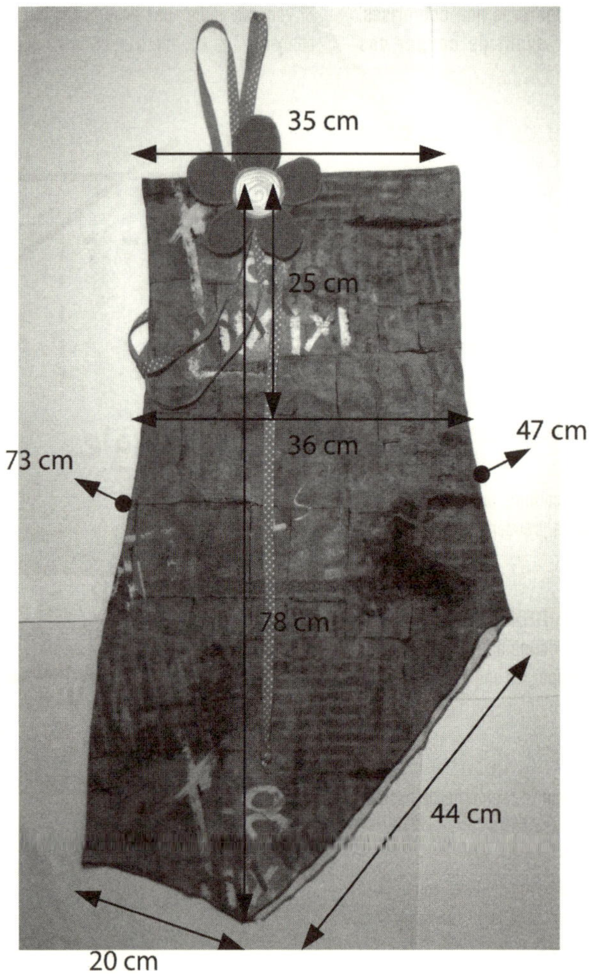

Les **conseils couture**

Attention : les gabarits sont donnés coutures non comprises. N'oubliez donc pas de les rajouter avant de couper vos tissus.

Comment couper le tissu pour qu'il ait un beau tomber ?

Respectez le droit fil du tissu avant la coupe. Pour cela, vérifiez bien que la flèche présente sur les gabarits soit parallèle à la lisière du tissu.

Comment faire pour que mes coutures ne cèdent pas ?

Faites une marche arrière en début et en fin de couture, puis coupez le fil.

Comment faire pour que le tissu ne s'effiloche pas ?

Piquez au point droit le long de la ligne de couture, puis recommencez au point zigzag à quelques millimètres de la première couture. Coupez le tissu aux ciseaux à cranter.

Comment faire un angle bien marqué ?

La superposition de plusieurs épaisseurs donne à l'angle un aspect boursouflé et disgracieux. Pour l'éviter, coupez les angles pour réduire les épaisseurs avant de retourner le tissu.

Comment coudre un arrondi régulier ?

Crantez aux ciseaux le long de l'arrondi avant de retourner le tissu.

Comment ourler une couture arrondie ?

La méthode suivante explique la pose de biais avec coutures apparentes. Préparez le biais en le pliant en deux puis repassez-le. Posez-le à cheval sur le bord de votre tissu à ourler, et piquez.

Si vous ne voulez pas poser de biais, reportez-vous à l'explication concernant la couture d'un arrondi.

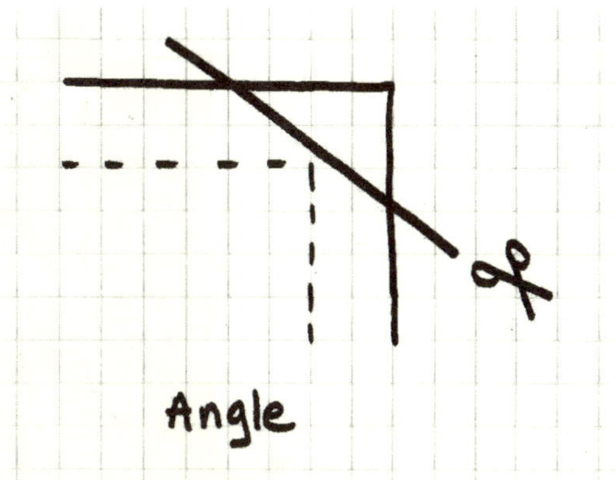

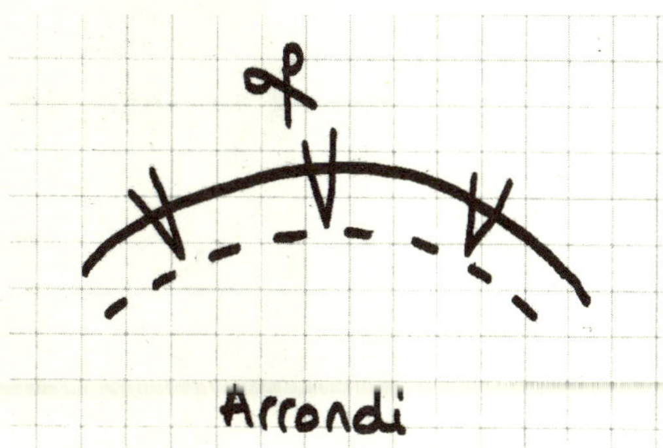

Les conseils couture

Comment être sûre que mes attaches ne céderont pas ?

Cela concerne par exemple la couture des élastiques du bandeau, ou les rubans des poches à doudous.

Il suffit de faire plusieurs allers-retours au niveau de l'insertion de l'élastique ou du ruban.

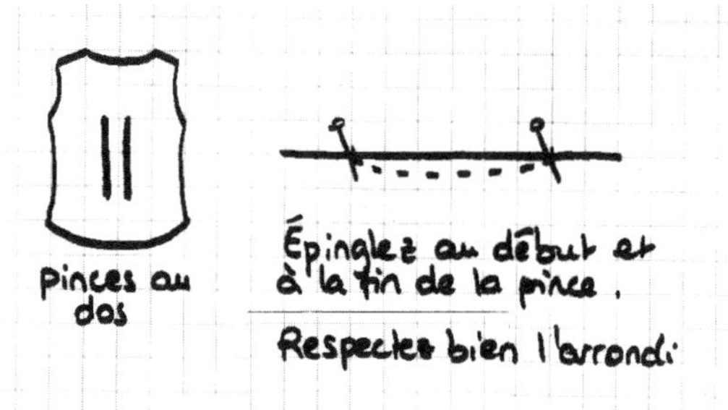

Comment poser une fermeture glissière?

Assortissez la couleur de votre fermeture à celle du tissu. Préparez la fente qui accueillera votre fermeture. Épinglez tout du long la fermeture fermée sur l'endroit. Sélectionnez le pied et le point spécifiques pour les fermetures. Cousez un côté en descendant, fermeture ouverte, puis fermez-la au fur et à mesure de la couture pour ne pas être gênée par la glissière. Faites de même avec le côté opposé en remontant pour ne pas avoir de faux plis.

Comment coudre une boutonnière ?

Marquez l'emplacement de la boutonnière en respectant toujours le même écartement. Il sera plus facile de marquer l'extrémité que le centre de la fente. Sélectionnez le pied et le point boutonnière spécifiques. Cousez. Faites une marche arrière en fin de couture. Coupez la fente aux ciseaux et vérifiez le passage du bouton.

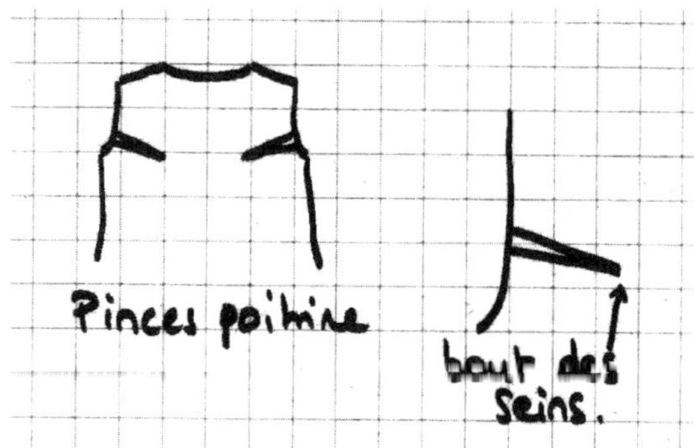

Comment ajuster un haut ?

Cousez deux pinces simples au dos et de part et d'autre de la poitrine.

Pour le dos : préparez les pinces, en pliant le tissu endroit contre endroit. Elles seront espacées de 5 à 7 cm environ. Il faut que les pointes des deux pinces soient à la même hauteur. Épinglez de chaque côté, bâtissez et essayez. Piquez la pince en respectant la courbe. Repassez.

Pour l'avant : bâtissez une pince en biais de chaque côté, à hauteur de la poitrine. Essayez le haut et rectifiez au besoin les pinces avant de les coudre.

Tableau des **mesures adulte et enfant**

ENFANT : comment prendre ses mesures ?

Poitrine : horizontalement à l'endroit le plus fort.

Taille : au creux de la taille.

Bassin : à l'endroit le plus fort.

TAILLE	2	3	4	5	6
Tour de poitrine (cm)	52	54	56	58	60
Tour de taille (cm)	48	50	52	53	54
Tour de bassin (cm)	56	58	60	62	64

FEMME : comment prendre vos mesures ?

Poitrine : horizontalement à la pointe des seins.

Taille : au creux de la taille.

Taille basse : horizontalement, juste sous le nombril.

Bassin : à l'endroit le plus fort.

TAILLE	34	36	38	40	42	44	46	48
Tour de poitrine (cm)	82	86	90	94	98	102	106	110
Tour de taille (cm)	61	66	70	74	78	82	86	90
Tour de taille basse (cm)	70	74	78	82	86	90	94	98
Tour de bassin (cm)	88	92	96	100	104	112	112	116

HOMME : comment prendre vos mesures ?

Taille : au creux de la taille.

TAILLE	tour de taille en cm
S	72/76
M	77/84
L	85/92
XL	93/100

Mes **copines** de **blogs** et autres **adresses** pour rêver

Le blog de l'auteur

- http://parfumduciel.over-blog.com
- http://parfumduciel.blogs.marieclaireidees.com

Les addicts

- http://pducieladdict.canalblog.com

Découvrez des blogs

de broderie :

- http://laiguilleetourdie.blogs.marieclaireidees.com
- http://le-fil-de-mes-envies.over-blog.com

de carton :

- http://cartonsens.canalblog.com

de couture :

- bluecrea.blogs.marieclaireidees.com
- http://bonome.canalblog.com
- http://choseetautre.canalblog.com
- http://clairebou.canalblog.com
- http://couleursetgourmandises.blogs.marieclaireidees.com
- http://cyclone.over-blog.fr
- http://de-petits-riens.over-blog.com
- http://detinmarin.canalblog.com
- http://disbonjouraladam.canalblog.com
- http://www.divinecousette-creation.com
- http://www.doudouetchouboulette.com
- http://elodbark.canalblog.com
- http://papouilles.canalblog.com
- http://deslutineries.canalblog.com
- http://titi-brin-de-folie.over-blog.com
- http://gabjapoiseaux.canalblog.com
- http://ginapaillette.hautefort.com
- http://jusbcoud.blogspot.com
- http://katia64.canalblog.com
- http://la-fee-des-bois.over-blog.com
- http://lafeedombre.over-blog.com/20-index.html
- http://lafeedulutin.over-blog.com
- http://www.lalimaya.fr
- http://lalou09.canalblog.com
- http://katellrose.canalblog.com
- http://lepotachatouille.canalblog.com
- http://leratelier.canalblog.com
- http://leroso.blogspot.com
- http://lescaillouxdemae.canalblog.com
- http://leslubies.over-blog.org
- http://lespepitesdelakshmi.over-blog.com
- http://luuna.over-blog.com
- http://shoobidoowap.canalblog.com
- http://loloche.canalblog.com
- http://lusineabulle.canalblog.com
- http://www.madeby6.blogspot.com
- http://manouloucreation.blogspot.com
- http://miloushka.canalblog.com
- http://missyayas.canalblog.com
- http://mllesls.canalblog.com
- http://mymerciereisrich.canalblog.com
- http://web.me.com/cribay/PatouilleBidouille/Bienvenue.html
- http://nanoucrea.over-blog.com
- http://sonia-brest.over-blog.com
- http://satineviolette.canalblog.com
- http://poussieredelutin.canalblog.com
- http://www.segoccinelle.com
- http://linoth.unblog.fr
- http://ptitchoseetmoa.canalblog.com
- http://helyne.canalblog.com
- http://misslaureline.blogspot.com
- http://soece.canalblog.com
- http://www.henriviolette.blogspot.com

de crochet :

- http://freecolors.blogs.marieclaireidees.com
- http://freecolors.canalblog.com
- http://lescreasdenine.blogs.marieclaireidees.com
- http://lylilafleur.canalblog.com
- http://mistykouette.blogs.marieclaireidees.com
- http://ofildelo35.canalblog.com

- http://poulette.au.safran.over-blog.fr
- http://tiboudamou.blogspot.com

de déco :

- http://lakyrielledart.canalblog.com

de doudous :

- http://cousucousin.hautetfort.com
- http://www.kallou.fr/blog
- http://zaelleza.canalblog.com
- http://lesenviesfolles.canalblog.com

d'illustrations :

- http://anna-ziliz.blogspot.com
- http://baboosh.canalblog.com
- http://www.june-leeloo.com/blog
- http://ladyxzeu.unblog.fr
- http://laprincesseetlelephant.blogspot.com
- http://www.misstigri.fr/blog
- http://cajanuage.canalblog.com

de lumière :

- http://mauvaisegraine.canalblog.com

de pâte polymère :

- http://bijouxde100drine.canalblog.com
- http://creerpourrever.blogs.marieclaireidees.com
- http://cristalline.blogspot.com
- http://faustinecoquelicot.blogspot.com
- http://grisbleu.canalblog.com
- http://lafilleduconsul.blogspot.com
- http://zinefimo.canalblog.com
- http://grenouillelune.canalblog.com
- http://leaaimelesfleurs.canalblog.com
- http://www.lilli-prune.com/blog3/index.php
- http://louloutefimote.over-blog.com
- http://basbleu.canalblog.com
- http://mavacre.canalblog.com
- http://nathalie13780.canalblog.com
- http://www.miss-coquette.com
- http://oeil2cha.blogspot.com
- http://cleliablagoev.canalblog.com
- http://severinepolycrea.canalblog.com
- http://bidul2tytebul.canalblog.com
- http://www.zcomzeze.canalblog.com

de photographie :

- http://www.maroussiapodkosova.com

de tricot :

- http://miliezebomb.canalblog.com
- http://l-avis-de-ptit-grain-de-sel.over-blog.net

de rêves :

- http://naindejardin.blogs.marieclaireidees.com
- http://400coups.canalblog.com

de scrap :

- http://polinka.canalblog.com

Les boutiques sur internet

créateurs :

- http://4epingles.canalblog.com
- http://lesfeeslumiere.over-blog.com
- http://www.marion-et-ses-petitesmains.com
- http://sobricolettes.canalblog.com

laines :

- http://www.etsy.com/shop.php?user_id=5377203
- http://www.leslaines.com

tissus :

- http://www.bouillon-de-couture.fr
- http://reprotdepot.com
- http://bleudetoiles.free.fr
- http://stores.ebay.fr/fabric-Connection
- http://aufildemma.com
- http://myworld.ebay.fr/pomadour24
- http://fabricsaddict.fr
- http://www.lafarandoledestissus.typepad.com

pans :

- http://myworld.ebay.fr/mukmon

patrons :

- http://cestdimanche.canalblog.com

mercerie :

- http://www.rascol.com
- http://www.lacouseriecreative.com
- http://www.ladroguerie.com
- http://www.a-qui-s.fr (étiquettes)
- http://www.entreedesfournisseurs.fr (étiquettes)

Les **boutiques** dans la **vraie vie**

À Marseille et ses environs

Pour les tissus
Tissus +
ZAC de la Martelle
13400 Aubagne
04 42 84 46 94

La Caverne aux mille tissus
80, rue de Monte-Cristo
13004 Marseille
04 91 34 48 53
06 16 92 35 86

Heytens
ZAC Pastre 2
13400 Aubagne
04 42 72 95 87

IKEA Marseille la Valentine

Pour la mercerie
La Droguerie
42-44, rue de Vacon
13001 Marseille
04 91 54 39 18

Pour y rêver
La Roulotte des fées lumière
14, rue Moussard
13400 Aubagne
04 42 71 00 71

À Paris

Pour les tissus
Marché Saint-Pierre
2, rue Charles Nodier
75018 Paris
01 46 06 92 25

Bouchara
EURODIF
2, rue du Maréchal Foch
78000 Versailles
01 39 50 69 41

IKEA Paris

Pour la mercerie
La Droguerie
9-11, rue du Jour
75001 Paris
01 45 08 93 27

Entrée des fournisseurs
8, rue des Francs-Bourgeois
75003 Paris
01 48 87 58 98

Mokuba
18, rue Montmartre
75001 Paris
01 40 13 81 41

Remerciements

Tout d'abord, merci à Emmanuelle Prot pour sa confiance et sa patience sans cesse renouvelées tout au long de ce projet.

Merci à tous ceux et toutes celles qui sont venus sur mon blog pour m'encourager. Sans oublier toutes les bloggeuses qui m'ont tous les jours insufflé tant d'enthousiasme avec leurs propres créations.

Merci à toi mon chéri J-B., pour ton amour et ton soutien indéfectibles. Sans toi, tout cela n'aurait jamais pu s'exprimer.

Merci à ma maman qui m'a donné les bases de la couture et qui a été la correctrice avisée de ce livre. C'est par toi que tout a commencé.

Merci à ma *sister* Mai, débarquée d'Australie, qui a assuré toute la rédaction du livre. Sans elle, vous ne seriez pas en train de lire ces remerciements. Je t'adore, la sœurette !

Merci à toute ma famille pour leur attention et leur présence.

Merci à Axel d'avoir joué le rôle du mannequin homme.

Enfin, merci à mes enfants Maxime et Léa d'exister tout simplement, et auxquels je dédicace ce livre.

Malgré tout le soin apporté à sa réalisation, n'hésitez pas à me contacter sur mon blog pour me faire part de toutes vos remarques...

Et bonnes créations à vous !

Retrouvez tous les ouvrages de CréaPassions
et des astuces gratuites sur

www.creapassions.com

Notre engagement pour un développement durable :
Tous nos ouvrages sont imprimés en Espagne ou en France dans des entreprises respectueuses de leur personnel et de l'environnement, et qui participent au développement économique local. Nos papiers, notamment des marques Inverkote et Torras Papel, respectent la norme ISO 14001, et sont produits dans le plus pur respect des principes du développement durable. Enfin, nous veillons à optimiser et minimiser les transports des sites de production aux sites de vente.

Dépôt légal février 2010